RAPPORT

SUR

L'ÉPIDÉMIE DE CHOLÉRA-MORBUS.

RAPPORT

SUR L'ÉPIDÉMIE

DE CHOLÉRA-MORBUS,

QUI A RÉGNÉ A NISMES,

PENDANT LES MOIS D'AOUT ET DE SEPTEMBRE 1835,

PAR MM. F. GIRARD, MAIRE DE NISMES,

ET

C. FONTAINES, D.-M.

A NISMES,

CHEZ BALLIVET ET FABRE, IMPRIMEURS DE LA MAIRIE,

RUE DORÉE, 12.

1836.

Ce Rapport a été communiqué par M. le Maire de Nismes au Conseil municipal, dans sa séance du 17 novembre 1835.

Dans cette même séance, le Conseil municipal en a voté l'impression.

LE MAIRE DE NISMES

A MESSIEURS

LES MEMBRES DU CONSEIL MUNICIPAL.

MESSIEURS,

Vous vous rappelez que, dans les derniers jours du mois de juillet passé, de nombreux et fâcheux avertissements durent convaincre l'administration que l'invasion du choléra-morbus était imminente.

L'épidémie régnait avec une grande intensité à Toulon et à Marseille. Elle étendait ses ravages sur plusieurs villes voisines ; et si parmi nous l'incertitude de ses coups laissait encore du doute à notre population, une appréciation plus exacte des faits n'en permettait plus aucun à l'administration, ni sur la gravité de ses devoirs, ni sur les conséquences incalculables du mal.

Ce fut alors que vous vous réunîtes, et le premier résultat de votre délibération du 1er août fut d'assurer l'organisation générale des secours, par la disposition de tous les fonds restés libres sur les exercices 1833 et 1834.

En même temps, la charité publique fut provoquée, et j'ai hâte de dire qu'elle répondit dignement à l'appel que les circonstances lui adressaient. Vous verrez aussi que la sollicitude du gouvernement, toujours inépuisable, n'est point restée étrangère à nos nouveaux besoins : M. le Ministre du commerce a grossi, par une allocation considérable, la somme de secours dont nous avons disposé pour combattre l'épidémie.

Ces faits ont constitué, à l'occasion du choléra, une comptabilité particulière, au règlement de laquelle vous êtes appelés et qui nécessite mon rapport.

J'ai l'intention de vous faire connaître la totalité des sommes mises à la disposition de l'administration, celles dont les circonstances lui ont fait juger l'emploi utile, et d'entrer dans le détail non seulement de la quotité, mais encore de la nature des secours distribués.

Sous ce premier point de vue, mon rapport devrait être purement financier; il me semblerait même que, parlant devant un Conseil municipal qui a constamment partagé la tâche commune, tout détail sur des circonstances auxquelles il a lui-même assisté pourrait paraître entièrement superflu.

Mais, vous le savez tous, Messieurs, pour le bien et l'honneur de la cité, l'administration municipale n'est point restée isolée; elle s'est vue constamment entourée des plus utiles et louables dévoûments, et il me tarde trop de nommer devant vous les citoyens qui ont noblement accompli un devoir que les événements ou l'entraînement des esprits pouvaient rendre alors difficile, pour qu'il me soit possible, en vous parlant de la crise que nous venons de traverser, d'imposer à mon rapport les formes froides et les limites trop exclusives d'un état de comptabilité.

J'ai donc ajouté à mon premier travail le compte-rendu des mesures prises par l'administration, pendant l'invasion et la durée du choléra.

Une comparaison rapide entre la situation ancienne de la

ville et son état actuel, dans ses rapports avec la salubrité publique, ne m'a pas paru dépourvue de quelque opportunité.

J'ai pensé aussi que je ne devais pas négliger les notes précieuses que MM. les médecins de la ville ont recueillies dans leur pratique, et qu'ils ont eu le soin d'inscrire, pendant l'épidémie, sur des tableaux statistiques que je leur avais remis dès son début.

M. le docteur Fontaines, aidé de ces matériaux et des observations que sa propre expérience lui a fournies, a bien voulu se charger de faire un exposé succinct des événements médicaux survenus pendant l'épidémie, et me donner ainsi le moyen de rendre complet le rapport que j'ai l'honneur de vous soumettre.

Vous pourrez voir, Messieurs, après quelques généralités topographiques, nécessaires à l'intelligence des principales conditions au milieu desquelles nous vivons, que l'invasion de l'épidémie avait été, dès longtemps, précédée par des cas suspects, et propres à expliquer des craintes anticipées.

L'examen des causes prédisposantes de la maladie, l'énumération de ses symptômes, la description des lésions anatomiques, ne présentant, dans notre localité, aucune circonstance nouvelle, ont été tracés d'une manière rapide.

Si l'on n'a point résolu, dans ce travail, l'importante question touchant le mode de propagation de l'épidémie, nous sommes heureux du moins que, de tous les faits observés parmi nous, aucun ne puisse servir d'argument en faveur de l'existence de la *contagion* ou de l'*importation* : opinions fatales qui ont égaré des populations entières, et ont trop souvent mis en évidence le plus affligeant de tous les sentiments humains, l'égoïsme.

L'application de la thérapeutique, dans les cas de choléra grave, a été faite par nos médecins avec plus de zèle et de science que de succès : c'est un aveu que nous devons à leur franchise, et dont notre propre sincérité nous fait malheureusement un devoir.

Sous le titre d'*Appréciation de la mortalité cholérique par rapport à des circonstances diverses*, se trouve consigné le résultat de quelques recherches statistiques sur l'intensité de l'épidémie relativement à la population, au sexe, à l'âge, à la position sociale, et aux diverses localités soit de la ville, soit de la banlieue.

Enfin, en examinant quelle a été, pendant la durée de l'épidémie, la mortalité qui lui était étrangère, nous avons pu vérifier un fait important. Ici, comme à Paris, le chiffre des décès, pour causes ordinaires, a dépassé de beaucoup la moyenne tirée des dix années précédentes; ce qui porterait à croire que le fléau n'a pas seulement manifesté ses effets sous des formes identiques, mais qu'il a dû souvent compliquer ou aggraver, par son influence, les maladies de toute nature; sans même, dans ce cas, laisser apparaître aucun de ses symptômes caractéristiques.

Entrepris sous ces différens points de vue, ce rapport se composera donc de deux divisions :

I. Partie médicale.

II. Partie administrative.

RAPPORT

SUR

L'ÉPIDÉMIE DE CHOLÉRA-MORBUS,

QUI A RÉGNÉ A NISMES,

PENDANT LES MOIS D'AOUT ET DE SEPTEMBRE 1835.

I.

PARTIE MÉDICALE.

§ I.

GÉNÉRALITÉS TOPOGRAPHIQUES.

La ville de Nismes est située au 43° 30' 35" de latitude et au 22° 1' 11" de longitude.

Elle renferme 41,266 habitants, sans compter la garnison, la Maison-Centrale, le Séminaire, le Collége et la population flottante.

L'étendue qu'elle occupe, en y comprenant les faubourgs, est de 325 hectares 67 ares 72 centiares. Sa surface est à peu près ovale. Le grand diamètre, ayant pour limites, à l'est, la barrière du chemin d'Alais, à l'ouest, celle du chemin d'Avignon, est de 2,200 mètres de longueur. Le petit diamètre, s'étendant du nord au sud, depuis la Maison-Centrale de détention jusqu'à l'Esplanade, est de 1,360 mètres.

Nismes est appuyé au nord contre une chaîne de collines, dont l'élévation au-dessus de la mer est de 100 à 120 mètres. Au nord-est et au nord-ouest, ces collines entourent encore la ville, mais en s'en écartant en manière de grand arc de cercle. Elles sont tout à fait calcaires et très peu fertiles. C'est au pied de l'une d'elles que prend sa source la Fontaine qui, depuis quelques années seulement, fournit de l'eau à toute la partie de la ville dont le niveau est plus bas que le sien.

Au midi, et à la distance de 3 à 4,000 mètres, s'élèvent encore d'autres monticules très différents par leur nature et par leur aspect. Ceux-ci sont uniquement formés de cailloux roulés, de sable et d'argile. Une plaine fort riche sépare la ville de ces dernières hauteurs.

La ville de Nismes est bâtie sur un plan légèrement incliné, fesant face au midi. La partie la plus élevée est occupée par les quartiers du Cours-Neuf, de la Fontaine, de la Maison-Centrale et de la Porte-d'Alais, jusqu'au chemin d'Uzès. La partie la plus basse contient les quartiers de la rue Notre-Dame, des Calquières, de l'Esplanade et du chemin de Montpellier. La hauteur de la ville, prise à la place de l'Évêché, c'est-à-dire sur la partie moyenne de ce plan incliné, est de 46 mètres au-dessus du niveau de la Méditerranée.

Les principaux vents qui règnent à Nismes sont désignés par les noms de *bise* et de *marin*. Sous la première dénomination, on comprend indistinctement les vents du nord, du nord-est et du nord-ouest; sous la seconde, ceux du sud.

Les vents de *bise* sont remarquables par leur fréquence et

leur intensité. On compte, année commune, plus de soixante jours où leur impétuosité est extrême. Ils favorisent promptement l'évaporation et déplacent incessamment notre atmosphère. Cette circonstance n'est certainement pas étrangère à la salubrité de notre pays.

Les vents du midi sont plus rares et moins durables. Ils succèdent ordinairement à ceux du nord et amènent toujours des brouillards et des nuages.

Les pluies, qui nous viennent aussi le plus souvent par les vents marins, offrent une circonstance assez singulière : c'est que, quoique peu fréquentes et de courte durée, elles sont tellement fortes, que, année commune, il tombe ici sept pouces d'eau de plus qu'à Paris ; cependant, dans cette dernière ville, le rapport du nombre des jours pluvieux au nombre des jours non pluvieux est : : 2 : 5, tandis qu'ici ce rapport n'est que : : 2 : 17.

Mais les vents de nord-est, qui succèdent toujours aux pluies, produisent une évaporation si prompte et si complète, qu'une sécheresse extrême en est la conséquence immédiate.

L'électromètre éprouve aussi des changements subits. Quelques heures suffisent souvent pour priver l'atmosphère d'une quantité très considérable de fluide électrique dont elle était, en quelque sorte, saturée.

Les personnes de tempérament nerveux, celles qui sont sujettes à des affections musculaires, éprouvent des effets notables de ces variations.

Les vicissitudes thermométriques sont encore un des faits les plus caractéristiques de notre climat. Elles résultent de plusieurs causes que nous n'examinerons point; mais leur influence sur notre *constitution médicale* est telle, que la plupart des maladies régnantes peuvent, sans exagération, leur être attribuées.

La température moyenne annuelle de la ville, prise sur seize années, est de 13° Réaumur. Celle de toute la France n'est que de 11° R. Il semblerait donc que nous sommes placés dans la zône la plus *habituellement* chaude; ce qui n'est pas exact. Nous n'avons, en effet, une chaleur *continue*, que pendant trente ou trente-cinq jours pris dans les mois de juillet et d'août; mais alors le thermomètre monte si haut, que, malgré le petit nombre de jours, le chiffre de la température moyenne doit en éprouver une grande élévation. Alors aussi, il y a des variations thermométriques remarquables. On a souvent vu le thermomètre à 17° R. le matin, monter dans la journée à 28 et même jusqu'à 36° R.

Au printemps, ces alternatives sont encore fort communes; et alors, comme le minimum d'élévation est très froid, la différence est beaucoup plus sensible et son influence sur la santé plus appréciable. Dans les mois de mars et d'avril, par exemple, il y a des jours où le thermomètre marque + 4° R. ou + 3 et quelquefois même *zéro*, le matin; et au milieu du jour la chaleur est telle, que l'on se croirait au plus fort de l'été. Le soir, la température baisse de nouveau; et si l'on n'a eu soin de se préserver de l'action du soleil, dans la journée, l'on est facilement saisi par une affection catarrhale plus ou moins aiguë.

L'automne est ordinairement notre belle saison. C'est pendant cette époque que notre température se tient le plus constamment près de la moyenne. Il y a peu de maladies alors; car, c'est à peine si l'on doit compter quelques fièvres intermittentes peu graves, et qui ne naissent même, parmi nous, que lorsque les vents du sud persistent plus longtemps que de coutume. Quand au contraire les froids sont précoces et que les vents du nord sont violents, les affections aiguës de poitrine prédominent sur les autres indispositions; mais c'est alors la constitution d'hiver.

Le froid le plus vif se fait sentir ici entre le milieu de décembre et le milieu de janvier. On a vu quelquefois, à cette époque, le thermomètre descendre jusqu'à 8 ou 10° R. au-dessous de zéro. Alors les fièvres inflammatoires essentielles, les phlegmasies des viscères parenchymateux, des membranes muqueuses, celles surtout des organes de la respiration résultent de l'action d'un froid aussi intense. Mais les gelées sont, en général, de courte durée et certainement moins fréquentes qu'une chaleur de 30 à 35° R., dans les mois de juillet et d'août.

C'est dans l'intervalle qui sépare le solstice d'été de l'équinoxe d'automne, que l'on observe à la fois et la plus grande chaleur et la plus grande différence entre la température du matin et celle du soir, à égale distance de midi. Cette époque est aussi celle où l'état sanitaire de notre ville est le moins satisfaisant. Les affections abdominales se présentent sous toutes les formes. Les embarras gastriques, les fièvres bilieuses, les dyssenteries se répandent sur notre population d'une manière quelquefois désastreuse. Les enfants surtout et les étrangers non acclimatés, tels que les militaires de la garnison, paient un large tribut aux rigueurs de notre été. Il résulte de l'examen des tables nécrologiques, que le chiffre de la mortalité est proportionnellement plus élevé pendant le mois d'août que dans tout le reste de l'année; surtout par rapport aux enfants.

Cette prédisposition aux maladies intestinales nous avait

fait penser, depuis longtemps, que si le choléra épidémique devait nous atteindre, ce serait dans l'été, plutôt que dans les autres saisons, qu'il ferait, parmi nous, des ravages notables. Une autre raison qui donnait encore quelque appui à notre pensée, c'est que les vents du nord, qui d'ordinaire débarrassent si promptement notre atmosphère des principes accidentels qu'elle peut contenir, règnent rarement pendant les grandes chaleurs.

Notre prévision s'est malheureusement réalisée.

§ II.

INVASION.

Depuis le mois de janvier de cette année jusqu'au mois de juillet, l'attention publique fut plusieurs fois occupée par quelques décès très éloignés les uns des autres, et occasionés par des maladies dont la nature avait été jugée suspecte par les médecins. La mort était arrivée après des symptômes d'affections gastro-intestinales profondes, que l'on attribuait volontiers à des imprudences.

C'était des diarrhées et des vomissements simultanés, accompagnés de douleurs abdominales plus ou moins aiguës, de crampes et de refroidissement. Dans deux de ces cas, la cyanose avait été apparente et la terminaison fatale très prompte. Mais l'absence de plusieurs des signes caractéristiques du choléra asiatique, et surtout l'isolement de ces faits, étaient, selon nous, des motifs suffisants pour qu'il ne fût pas permis de déclarer l'épidémie établie dans notre ville : le mot *épidémie* impliquant la co-existence d'un certain nombre de faits pathologiques de même nature.

Cependant notre population était péniblement préoccupée; et quoique l'état sanitaire de la ville ne présentât d'ailleurs rien d'insolite, les événements de Toulon, de Marseille, d'Aix et, plus tard, d'Arles expliquaient assez les craintes de ceux qui regardaient le fléau comme imminent.

Quelques cas incontestables survinrent à Beaucaire vers la fin du mois de juillet, pendant les grandes occupations de la foire, au milieu d'une population immense, resserrée dans d'étroites limites et supportant toutes sortes de privations et de fatigues. Des conditions aussi défavorables devaient faire présager bien des désastres. Les étrangers en conçurent de justes alarmes et leur émigration fut aussi prompte que leurs craintes étaient vives. Le passage d'un grand nombre d'entre eux dans notre ville et les récits exagérés de plusieurs, eurent le grave inconvénient de répandre parmi nous la terreur et le découragement.

Dès ce moment l'inquiétude fut extrême, surtout dans les classes aisées plus prévoyantes et, il faut l'avouer, plus pusillanimes que cette nombreuse partie de notre population vivant uniquement de son travail. Celle-ci, au contraire, heureuse de son incrédulité, regardait encore le choléra comme un être imaginaire, lorsque déjà l'invasion n'était plus douteuse.

C'est du 25 juillet au 1er août que l'épidémie s'est déclarée à Nismes.

Notre dessein n'est point de discuter et moins encore d'établir des principes de doctrine. Nous voulons, autant que possible, nous borner à une aveugle et froide exposition des événements; et si nous hasardons quelques inductions, ce sera toujours avec une extrême réserve. Lorsqu'une masse imposante de matériaux de cette nature aura été réunie, d'autres pourront peut-être, en rapprochant les faits, en les coordonnant, en les comparant entre eux, éclairer par l'analogie, des questions jusqu'ici insolubles. C'est là le seul but d'utilité de notre travail.

En général, lorsqu'une épidémie éclate dans un lieu, on en cherche l'origine dans la constitution atmosphérique. En bien des occasions, on a pu se convaincre, en effet, que des miasmes, des effluves délétères, des vicissitudes de température, de sécheresse ou d'humidité en étaient les principales causes. Mais ici, comme ailleurs, de pareilles circonstances ne sauraient rien expliquer. Ni lors de l'apparition du choléra parmi nous, ni pendant sa durée, ni à son déclin, rien d'irrégulier n'a été observé dans notre atmosphère. Si l'on compare les tables météorologiques de l'hiver, du printemps et de l'été de cette année, avec les moyennes des dix années précédentes, on ne trouvera que des différences peu importantes.

D'ailleurs, n'a-t-on pas vu cette maladie prendre naissance et offrir des caractères identiques dans les contrées les plus éloignées, sous les climats les plus opposés, au milieu des conditions atmosphériques les plus variées?

Les premiers décès cholériques, qui ont signalé l'invasion de l'épidémie, ont eu lieu sur des points disséminés de l'intérieur de la ville. La rue de la Figuière, celles de l'Arc-de-Dugras, du Grand-Couvent, de la Trésorerie, de la Vierge, de l'Enclos-de-Rey, la rue de Condé, celle des Bons-Enfants ont été les premières atteintes. Les victimes ont toutes été prises, dès le début, parmi des individus de la classe pauvre, n'observant aucune règle d'hygiène. La maladie s'est ensuite répandue; elle a gagné de préférence certains quartiers que nous aurons soin de désigner dans la suite de ce travail. Elle a aussi attaqué la classe des artisans aisés et même quelques personnes d'une position sociale plus élevée.

Ce n'est pas seulement par des cas graves que l'épidémie a manifesté ici sa présence. Peu de personnes, pendant sa durée, ont conservé leur état ordinaire de santé. Sans être précisément malade, on éprouvait un malaise inexplicable et singulier; on était importuné par un sentiment d'oppression, de pesanteur, de douleur obtuse à l'épigastre.

Le travail de la digestion ne s'exécutait point d'une manière inaperçue, quoique, en général, on se fût astreint à un régime très sobre et très régulier, à la faveur duquel on espérait, avec raison, se mettre à l'abri du danger.

Ajoutons encore qu'à cette époque presque toutes les affections aiguës ont été empreintes du cachet de l'épidémie, et que l'appareil digestif était rarement étranger aux divers phénomènes que l'on observait.

L'épidémie arriva à son apogée le 12 août. On compta ce jour-là 17 décès. Elle décrut ensuite, en suivant d'un jour à l'autre quelques variations d'intensité; et le 1er septembre il n'y eut pas de mort provenant de l'épidémie.

Depuis lors, jusqu'au 25 du même mois, on a enregistré trois décès, au plus, dans un jour. Enfin, le 18 septembre, il y a eu deux décès; et un mois après, le 15 octobre, par une singulière fatalité, le dernier cas mortel a atteint un homme jeune, qui s'était éloigné pendant l'épidémie et n'était rentré à Nismes que depuis 15 à 20 jours, persuadé qu'il n'y avait plus, pour lui, aucun motif de crainte.

Nous avons représenté par des lignes, dont la hauteur est proportionnelle au chiffre des décès, la marche exacte du choléra, jour par jour, pendant les mois d'août et de septembre. On pourra ainsi, à la faveur de ce tableau, embrasser d'un coup d'œil les diverses variations qu'a présenté l'épidémie dans son développement, son ascension, son décroissement et sa terminaison. *(Voy. la Planche ci-contre.)*

§ III.

DES CAUSES.

La *cause essentielle* du choléra épidémique est inconnue. C'est une des nombreuses lacunes de la science. Aucune des conjectures ou explications qui ont été émises sur ce point, n'a été confirmée par nos observations.

Il n'en est pas de même des *causes prédisposantes*. Celles-ci peuvent être reconnues par des recherches attentives; et il est d'autant plus important de les étudier, que, sans leur fatale intervention, l'épidémie trouverait en nous une force de résistance bien plus difficile à vaincre.

La *misère* a été ici, comme dans tous les lieux où le choléra a fait quelques ravages, la première et la plus puissante des prédispositions.

Ce mot : *misère*, résume presque toutes les conditions funestes : habitations basses, humides, privées d'air et de soleil; entassement d'individus nombreux dans des lieux sales et resserrés; alimentation mal saine et insuffisante; obligation de subir toutes les intempéries; débilité de constitution; dispositions morales mal dirigées; méfiance pour les bons conseils, et, au contraire, grande propension à se livrer aux pratiques les plus absurdes et les plus dangereuses du charlatanisme.

Les *écarts de régime*, les excès de toute espèce, l'oubli des règles que la prudence indique, sont aussi des causes

Tableau

Représentant la marche du Choléra pendant les mois d'Août & Septembre 1835

Août. 1 2 3 4 5 6 7 8 9 10 11 12 13 14 15 16 17 18 19 20 21 22 23 24 25 26 27 28 29 30 31 7bre 1 2 3 4 5 6 7 8 9 10 11 12 13 14 15 16 17 18 19 20.

Nombre des Décès 5 6 6 12 15 6 8 13 17 12 10 8 11 10 12 7 5 2 1 2 4 6 4 4 3 3 1 4 0 2 0 1 1 1 0 0 3 2 2 1 1 0 1 0 0 2 0 0

prédisposantes. MM. les médecins ont indiqué plusieurs faits qui attestent leur fâcheuse influence. Mais ces causes dépendant, en quelque sorte, de notre volonté, pouvaient être évitées, et ceux qu'elles ont atteint ne sont-ils pas autant à blâmer qu'à plaindre ?

Les faits qui se sont passés ici ne confirment pas la haute importance que l'on a attribué aux *passions de l'âme*, aux *émotions morales*, dans la production du choléra. On compterait à peine deux ou trois cas sérieux dont on put raisonnablement les accuser.

On a dit aussi que la *crainte* excessive du choléra engendrait la maladie ; que le système nerveux en étant affaibli, devenait plus apte à recevoir les impressions morbifiques, et décidait ainsi une prédisposition formelle.

Il n'est point de médecin parmi nous qui n'ait vu bon nombre de malheureux atteints de la *peur*.

Elle a pu être observée sous ses formes les plus importunes. Le 12 août, jour où l'état civil inscrivit 17 décès cholériques, elle devint réellement contagieuse, et constitua, à elle seule, une maladie dont il fallut s'occuper. Les uns, en outrant le régime et les moyens hygiéniques, vivaient dans des transes inexprimables et s'affaiblissaient à vue d'œil ; d'autres, qui se vantaient d'une fermeté d'âme qu'ils n'avaient pas, éprouvaient des frissons et des sueurs froides au seul mot de choléra ; d'autres encore, ayant entendu dire que la *peur* causait la maladie, fesaient de vains efforts pour détruire en eux ce sentiment dangereux ; ils étaient réellement tourmentés par la *peur* d'avoir peur. Eh bien ! au milieu de cette épidémie de nouvelle sorte, de cette existence de long supplice, nous pouvons assurer que le choléra ne fit point de victimes ! Ce fait est bien digne d'attention, car il infirme une opinion généralement admise.

Enfin, il faut ranger, parmi les causes prédisposantes, les *affections organiques* des divers appareils. Des phtisiques, des malades atteints de phlegmasies chroniques de l'estomac, des intestins, du foie, ont péri avec les symptômes les plus caractéristiques de l'épidémie. On peut dire même que, plus de **90** fois sur **100**, le choléra n'est point arrivé d'une manière soudaine et sans avoir été précédé par des dérangements plus ou moins anciens des voies digestives. Mais ce trouble précurseur était souvent si peu incommode, que, dans leur récit, les malades oubliaient presque toujours d'en faire mention, et il fût resté inaperçu si les médecins n'eussent mis un grand soin dans leurs investigations.

On verra plus bas, dans l'appréciation de la mortalité par rapport à diverses circonstances, s'il y a eu d'autres conditions de localité, d'âge, de sexe, de profession qui aient pu favoriser la production de la maladie.

§ IV.

SYMPTÔMES.

L'épidémie a présenté ici deux nuances bien distinctes.

La première a été remarquable par son extension et son peu de gravité. C'est la *cholérine :* maladie bien réelle, résultant de l'influence épidémique aussi bien que le choléra le plus caractérisé, et exigeant toute l'attention du médecin, afin d'en éviter la dégénérescence.

Une très grande majorité de notre population a éprouvé les atteintes de cette forme de l'influence épidémique.

Ses symptômes n'ont rien offert de particulier. Comme partout, c'étaient des lassitudes générales; des frissons irréguliers; des sueurs partielles; de l'inappétence; un sentiment douloureux à l'épigastre; de la diarrhée; une disposition au vomissement qui se réalisait quelquefois; le sommeil était vague, incertain, agité par des rêvasseries incommodes; la langue large, humide, recouverte d'un enduit blanchâtre; quelquefois des tiraillements, des espèces de crampes agitaient les malades et les obligeaient à changer sans cesse de position.

L'issue de cette maladie n'a jamais été fâcheuse; mais sa durée a été très variable. Nous avons vu quelques personnes qui, malgré des soins persévérants, n'ont pu s'en débarrasser pendant tout le temps de l'épidémie; d'autres en étaient guéries par deux ou trois jours de repos et d'un régime convenable. Mais la durée moyenne a été de quatre à cinq jours; après lesquels, il fallait encore user de ménagements dans la crainte d'une récidive.

Dans le *choléra caractérisé*, tous les appareils organiques donnent des signes de leurs lésions profondes. Toutes les fonctions sont modifiées ou interrompues. L'existence semble frappée dans tous ses principes.

Dans cet état de gravité, le choléra a présenté deux périodes : l'une de *progression* ou de tendance à la cessation de toutes les facultés vitales, période *algide*; la seconde, de *décroissance* ou de *réaction*, à la faveur de laquelle l'organisation lutte avec plus ou moins d'énergie contre le principe destructeur. Cette distinction résulte principalement des diverses modifications que subissent les fonctions de la circulation et de la calorification.

1re *Période*. L'on a remarqué ici que sur 10 cas de choléra, il y en a eu 7 dont les symptômes se sont manifestés pendant la nuit. Les malades étaient réveillés par des coliques, de la diarrhée, des vomissements. Les matières, rendües avec plus ou moins d'abondance, avaient d'abord une consistance pultacée et contenaient des fragments d'aliments mal digérés; elles présentaient ensuite un aspect bilieux; et enfin, elles devenaient séreuses, blanchâtres, floconneuses et semblables à un mêlange d'eau et de lait tranché. Le ventre était légèrement gonflé; il rendait un son mat par la percussion, et l'on ne produisait pas une vive douleur en le comprimant.

Le médecin, appelé dès les premiers moments de l'invasion, était frappé de cette physionomie si particulière qui caractérise le choléra-morbus. On a dit avec vérité que les malades sont subitement *cadavérisés*. Les joues et les tempes se creusent; les yeux enfoncés, cernés par un cercle livide, noirâtre, restent entr'ouverts et ne laissent voir qu'une portion de la sclérotique souvent échymosée; les cils et les poils des narines se couvrent de poussière. Les larmes n'étant plus secrétées, les paupières se sèchent et s'irritent. Le visage est froid, grippé; sa couleur devient violacée, noirâtre. Les mains, les pieds et quelquefois tout le corps, participent à cette coloration et à ce refroidissement. La peau se couvre d'une humidité froide et visqueuse; elle se ride sur les parties cyanosées, et les malades, quoique jeunes, ressemblent à des vieillards.

Malgré ce froid glacial de la peau, les malades sont tourmentés par une chaleur qui semble les consumer au-dedans; ils s'agitent et se découvrent sans cesse. Plusieurs résistent aux moyens que l'on oppose à leur refroidissement extérieur,

Leur soif est ardente, inextinguible; ils demandent instamment à boire, et si l'on cède à leur désir, les vomissements et les selles reparaissent avec toute leur première fréquence.

Les vertiges, la diplopie, les bourdonnements d'oreilles, l'affaiblissement ou même la perte de la voix; des crampes plus ou moins violentes aux bras et plus fréquemment aux jambes; la rétraction des doigts et des orteils; la diminution d'abord et puis la suppression complète des urines, sont encore des symptômes propres à cette période.

Le pouls est petit, déprimé, filiforme; dans certains cas, il disparaît complétement, ainsi que les pulsations d'artères plus volumineuses. Alors l'ouverture des veines ne donne issue qu'à quelques gouttes d'un sang noir, épais, sirupeux, complétement dépourvu de sa partie séreuse.

En général, la respiration est pénible, suspirieuse, faible, entrecoupée de gémissements. Quelques-uns éprouvent un sentiment d'oppression, d'étouffement qui leur fait désirer qu'on leur donne de l'air. L'haleine est froide et d'une odeur fade, analogue à celle des déjections.

Cependant, au milieu de tous ces désordres, les facultés intellectuelles sont rarement compromises. Les malades conservent leur raison; mais ils sont ordinairement trop préoccupés de leur état présent, pour songer à l'avenir. Aussi paraissent-ils insouciants et peu touchés de ce qui se passe autour d'eux.

Quoique ces symptômes ne se trouvent pas toujours réunis sur le même individu, ni avec les mêmes formes, ni avec la même intensité; chez tous, il y a un ensemble de phénomènes qui constitue le type particulier aux cholériques, et qui rend la maladie évidente au premier aspect.

Rarement la durée de cette période a dépassé 24 heures, et la mort est souvent arrivée en moins de temps; surtout lorsque les principaux symptômes se sont manisfestés avec promptitude et n'ont pas laissé à l'art le temps d'agir.

Lorsque, au contraire, l'on a été assez heureux pour obtenir la rétrogadation du mal, alors ont paru les phénomènes de la seconde période dite de *réaction.*

2e *Période.* Celle-ci est arrivée de plusieurs manières et a amené des résultats divers. Voici quelle a été sa marche la plus simple et la plus favorable :

Les évacuations se supprimaient; ou bien, devenant plus rares et moins abondantes, elles perdaient leur teinte blanchâtre et se coloraient en vert ou en jaune; le froid de la peau, de la langue, de l'air expiré se dissipait graduellement, ainsi que la teinte bleuâtre du visage et des extrémités; les sécrétions suspendues se reproduisaient; une chaleur halitueuse se répandait sur tout le corps; la voix reprenait le son qu'elle avait perdu et enfin, après deux ou trois jours de progrès, les malades entraient en convalescence.

Mais la réaction ne s'est pas toujours opérée avec cette heureuse régularité.

Tantôt elle a été insuffisante, et alors on a observé une espèce d'hésitation dans son développement. Le collapsus, l'accablement ont succédé à l'excitation produite par une chaleur vive, mais passagère. Le froid est revenu fréquemment. Au lieu des vomissements et des selles, il est survenu un hoquet insupportable. La sensibilité du ventre s'est réveillée. La langue, de pâle et humide qu'elle était, a pris une teinte rougeâtre; la bouche est sèche, les dents fuligineuses. L'expression du visage est celle de l'étonnement, de la stupeur; la couleur bleuâtre du tour des yeux et des extrémités ne disparaît point ou bien se change en teinte violacée, lie de vin. Le pouls reste petit, quoique sa fréquence soit moindre; son type est souvent irrégulier.

Cette forme typhoïde de la période œstueuse n'a pas été fréquente parmi nous.

Les médecins n'ont signalé que 12 cas dans lesquels ils l'ont observée. Neuf fois elle a été suivie de mort, entre cinq et huit jours de durée.

D'autres fois cette période de réaction est survenue d'une manière brusque, violente, exagérée. Une chaleur vive était alternée avec des sueurs générales abondantes. Le pouls était plein, tendu, fréquent; à la cyanose succédait une rougeur intense. Des symptômes d'un état inflammatoire général ou de phlegmasies aiguës organiques se manifestaient, et avec eux, l'insomnie, l'agitation, le délire. Celui qui écrit ces lignes a observé deux fois cette terminaison du choléra chez des sujets jeunes et vigoureux, qui ont guéri, l'un après neuf jours de maladie, l'autre après 21 jours, à la faveur d'un traitement anti-phlogistique des plus énergiques.

Les documents que nous avons sous les yeux ne nous permettent pas de donner d'une manière précise le rapport entre le nombre des cas de choléra qui se sont manifestés à Nismes, et le nombre des guérisons obtenues : le premier de ces deux nombres n'ayant pas été enregistré, faute de renseignements suffisants.

Nous ne connaissons que le chiffre des décès qui s'est porté à 215, depuis le 4 août jusqu'au 15 octobre.

Mais nous pouvons affirmer que l'art a été puissant lorsque

le choléra ne s'est point manifesté d'une manière foudroyante; et qu'il a eu encore des succès incontestables, dans des cas où la maladie était le mieux caractérisée.

Quant à sa durée; voici ce que nous trouvons dans les renseignements qui nous ont été fournis :

Sur 107 décès cholériques dont les circonstances ont été indiquées avec exactitude par Messieurs les médecins; 41 sont survenus après une maladie de plus d'un jour de durée et ont fourni ensemble un total de 139 jours; ce qui donne, pour cette catégorie, une durée moyenne de 3 jours et 3/10es, pour chaque individu.

66 individus sont morts, en moins de 24 heures après l'invasion, et ont fourni ensemble la somme totale de 724 heures; d'où l'on déduit une moyenne de 10 heures 9/10es, pour chaque individu de cette deuxième catégorie.

Le rapport du nombre de ceux qui ont vécu plus d'un jour, à celui des individus chez lesquels la mort est survenue en moins de 24 heures, est donc approximativement : : 3 : 5.

§ V.

LÉSIONS ANATOMIQUES.

Les ouvertures cadavériques ont été faites en très petit nombre pendant l'épidémie, et celles dont nous avons connaissance n'ont pas produit des résultats propres à éclairer beaucoup l'étiologie.

Les phénomènes les plus constants qui aient été observés sont : la flaccidité du tissu du cœur, sa distension par un sang noir, homogène, gélatineux; les vaisseaux artériels et veineux remplis de ce même sang; la vacuité et la rétraction de la vessie; la présence, dans les intestins, de ce liquide blanchâtre, floconneux, qui avait constitué, pendant la vie, la matière des évacuations.

Nous n'avons noté ici que les circonstances anatomiques attribuées au choléra; chaque complication pouvant donner lieu à des lésions d'organes indépendantes de l'action épidémique, et dont l'indication serait ici hors de propos.

§ VI.

MODE DE PROPAGATION.

Si les faits observés à Nismes ne nous donnent pas le pouvoir d'expliquer d'une manière satisfesante le mode de propagation de l'épidémie, nous pouvons dire du moins qu'aucun d'eux n'est venu confirmer une opinion qui, à la vérité, compte peu de partisans parmi les médecins; mais qui cependant n'est pas encore complétement abandonnée dans le monde : nous voulons parler de la *contagion*.

Non-seulement il est certain que la maladie n'a point été apportée à Nismes par une masse d'individus infectés, qui auraient entraîné avec eux une atmosphère cholérique; mais même des faits nombreux démontrent que, dans tout le cours de notre épidémie, la maladie n'a pu se communiquer par le contact d'un individu malade à un individu sain.

Lorsqu'en 1832, le choléra se déclara à Arles et qu'il y prit des proportions effrayantes, une grande partie des habitants de cette ville vint se réfugier parmi nous et y séjourna; ces arrivages n'eurent pour notre pays aucune conséquence. Bien plus, les communes les plus voisines de cette malheureuse ville, et qui étaient sans cesse en communication avec elle , telles que Fourques, Bellegarde, Tarascon , Beaucaire , ne participèrent nullement aux influences épidémiques.

La maladie, dans cette circonstance, resta donc concentrée sur un seul point; malgré les irradiations incessantes d'une population *prétendue* infectée.

A Nismes, les dix ou douze premiers cas qui ont signalé le début de l'épidémie, se sont manisfestés sur des individus étrangers à toute cause de contagion. Ils habitaient des quartiers éloignés les uns des autres et, par leur manière de vivre, ils étaient éloignés de toute communication, soit avec les lieux infectés, soit avec les provenances de ces mêmes lieux.

A l'Hôtel-Dieu, le 31 juillet, avant même que l'épidémie fût bien établie dans la ville, un soldat, qui habitait la salle St-Joseph depuis quelques temps et qui était en pleine convalescence de la maladie pour laquelle il y était entré, fut pris soudainement des symptômes les plus graves du choléra et mourut. Ce militaire n'avait point communiqué au dehors, et aucun de ceux qui l'entouraient dans la même salle n'eut à déplorer les effets de son voisinage.

Le même jour, 31 juillet, dans une autre salle de l'Hôtel-Dieu, un Savoyard, atteint d'une double pleurésie chronique, mourut en quelques heures du choléra, sans qu'aucun des autres malades placés dans la même salle présentât le moindre symptôme cholérique.

Quelques jours après, un tambour-maître du 21e, occupant depuis près d'un mois une troisième salle de l'Hôtel-Dieu, celle des blessés, fut encore pris du choléra. Un jeune tambour placé à ses côtés, lui donna, jour et nuit, les soins les plus asssidus et se dévoua sans relâche aux succès du traitement. Le cholérique guérit, et ni son ami ni ses voisins n'éprouvèrent la moindre indisposition.

Voilà donc, dans le même établissement, trois cas simultanés arrivant dans des salles différentes, et ne répandant autour d'eux aucun principe d'infection.

Un fait qui mérite bien d'être remarqué, à cause de sa singularité et de son importance, est celui-ci : au centre de la ville, dans un quartier peuplé de marchands qui, presque tous, avaient passé à Beaucaire une partie du temps de la foire, pendant l'épidémie, et en avaient apporté une quantité considérable de marchandises, la 11e section, n'a pas présenté un seul décès cholérique. Cette section comprend les rues de la Madelaine, des Barquettes, de l'Aspic, des Marchands, de l'Hôtel-de-Ville, le Marché, les rues des Broquiers, des Patins, de Bernis et la rue Fresque.

Si l'on considère maintenant quelle a été la mortalité parmi les personnes employées *immédiatement* aux soins des cholériques, telles que médecins, élèves en médecine, sœurs de charité, infirmiers, gardes-malades, inhumateurs, ecclésiatiques, on sera sans doute surpris de l'événement. Il n'y a pas eu dans cette classe d'individus un seul décès cholérique. Car les deux employés morts à l'Hôtel-Dieu des suites du choléra, n'ont point été atteints à l'occasion des soins donnés aux malades de l'épidémie. Le premier de ces deux employés, Pierre Charpentier, était l'un des hommes de peine de la pharmacie, et ses fonctions ne l'appelaient nullement auprès des cholériques. Le second, Jean Lacaze, arrivé à l'hôpital depuis dix à douze jours, fut pris du choléra le 25 août et mourut le 27. Il était employé dans la salle Saint-Jacques où nul cholérique n'avait succombé depuis le 15 août, c'est-à-dire, dix jours avant que cet homme ne tombât malade. Encore faut-il ajouter qu'il n'avait donné des soins ni à celui-là ni à aucun autre, depuis son entrée en fonctions.

Il serait certainement peu exact de conclure de là que l'approche des cholériques est un préservatif de la maladie; mais il le serait bien moins de ne pas regarder ces faits, comme une preuve de non-contagion du choléra, d'individus malades à individus sains.

D'un autre côté, quels ont été les arguments puisés dans l'histoire de notre épidémie, que les rares partisans de la contagion ou de l'importation ont voulu invoquer en faveur de leur opinion?

Ils ont dit que le quartier des Calquières, le plus maltraité par l'épidémie, était justement le plus voisin des principaux hôtels et des arrivages de Beaucaire ; car ils ont surtout accusé cette ville de nous avoir communiqué le mal.

Mais ce n'est pas aux Calquières qu'a débuté l'épidémie; c'est dans des points de l'intérieur de la ville, disséminés, éloignés les uns des autres et nullement en communication avec les lieux infectés ou les objets qui en provenaient.

En second lieu, dans aucun des deux grands hôtels qui ont reçu presque tous les étrangers de Marseille ou de Beaucaire, on n'a observé de traces de l'épidémie; et en vérité, il faudrait être bien prévenu ou peu exigeant dans la valeur des preuves, pour admettre que des personnes exemptes du choléra, aient pu transmettre à d'autres ce qu'elles ne possédaient pas elles-mêmes.

Enfin, le quartier des Calquières est soumis à des causes matérielles de position et d'insalubrité, bien plus propres à expliquer les ravages du fléau dans cette localité, que ne peuvent le faire quelques allégations vagues et peu sérieuses, nous n'osons dire, peu réfléchies. Ce qui s'est passé dans la 11e section justifierait suffisamment cette expression, ce nous semble.

Quant à la coexistence de plusieurs décès dans la même maison, elle est une conséquence toute naturelle de l'intensité relative de l'influence épidémique par rapport aux localités, chose que personne ne songe à révoquer en doute. Il est arrivé dans une maison, ce qui est arrivé dans une rue par rapport à un quartier; dans un quartier par rapport à une ville; dans une ville par rapport à une grande surface. C'est ainsi que dans cette vaste étendue qu'a occupé l'épidémie du midi de la France, certaines villes, certains villages ont été frappés par elle avec une excessive rigueur; tandis que des communes voisines ont été exemptes de ses coups ou en ont à peine ressenti l'influence.

Au reste, la masse de notre population a été tout-à-fait étrangère à cette croyance de contagion. Aussi, cette heureuse et juste disposition des esprits a-t-elle influé d'une manière efficace sur les soins nécessaires dans le traitement du choléra. L'administration n'a point eu à rechercher des personnes courageuses, assidues et dévouées, pour servir les malheureux cholériques, soit en ville, soit dans les hôpitaux. Il s'en est présenté de toute part qui ont rempli cette honorable mission avec calme, intelligence et désintéressement.

§ VII.

MOYENS PROPHYLACTIQUES.

Ces moyens consistent bien plus à se mettre à l'abri des causes prédisposantes que nous avons signalées, qu'à se soumettre à l'usage de prétendus préservatifs dont le moindre des inconvénients a été leur *innocuité*. Ainsi, aisance, propreté, sobriété, vie calme et régulière; voilà en quelques mots les plus sûrs préceptes. L'administration a fait ses efforts pour qu'ils fussent mis en pratique.

Nous ajouterons, contrairement à une opinion assez répandue; que ni l'état de grossesse; ni les plaies suppurantes; ni les divers émonctoires comme sétons, cautères, moxas; ni la profession de tanneur, n'ont préservé ici des atteintes de l'épidémie.

§ VIII.

THÉRAPEUTIQUE.

Cholérine. Le traitement opposé par les médecins de Nismes à cette forme de l'influence épidémique a été aussi simple qu'efficace. Lorsqu'un individu éprouvait des coliques, de la diarrhée, quelques vomissements; le repos absolu, la privation rigoureuse de toute substance alimentaire, de la tisane de riz et de citron, ou de la décotion blanche de sydenham à très petite dose, suffisaient presque toujours à arrêter ces symptômes. Une douleur épigastrique persistante, des matières muqueuses sanguinolantes rendues par les selles nécessitaient l'application de quelques sangsues au creux de l'estomac ou à la marge de l'anus. Quelquefois l'administration de huit à dix gouttes de laudanum, dans des juleps gommeux ou dans des injections au rectum, devenaient nécessaires pour faire disparaître de légers symptômes nerveux.

Aucun cas de cholérine, traité par cette méthode, ne s'est terminé d'une manière fâcheuse. Mais la négligence de ces précautions a souvent produit des résultats contraires. Ainsi que nous l'avons déjà dit, le choléra grave a presque toujours été précédé par quelques troubles dans les fonctions digestives, dont les malades n'ont malheureusement pas tenu assez de compte.

La convalescence de la cholérine a exigé une persévérance soutenue dans les soins hygiéniques, les moindres écarts pouvant amener une récidive et même déterminer l'explosion des symptômes les plus funestes.

Choléra grave. La thérapeutique a été dirigée suivant les indications fournies par chacune des deux périodes de la maladie et suivant des considérations individuelles.

Pénétrés de cette vérité que, dans les épidémies, comme dans les affections les plus vulgaires, une thérapeutique absolue est irrationnelle, nos médecins se sont conduits, dans l'application de leur art, avec autant de prudence que de discernement.

Dans certains cas, pressés par l'imminence du danger et ne pouvant point séparer par l'analyse les divers éléments qui composent la maladie, ils ont dû se borner à faire une médecine symptômatique, c'est-à-dire, à combattre par des moyens appropriés les symptômes prédominants. Cette manière d'agir, quoique empirique, n'en a pas moins été souvent avantageuse.

Dans la première période, les indications principales étaient celles-ci : modifier ou supprimer des sécrétions vicieuses ou surabondantes; rendre au cœur et aux vaisseaux l'action qu'ils ont perdue; développer, dans tout l'organisme, une réaction à la faveur de laquelle les forces vitales puissent se relever et les fonctions reprendre leur équilibre.

Nous devons donc naturellement diviser en trois classes les médicaments employés pendant cette première période du choléra grave. Nous ne ferons mention que de ceux le plus généralement mis en usage.

L'opium, sous des formes diverses, est le remède qui, dès l'invasion de la maladie, a paru le plus propre à arrêter les sécrétions anormales du tube digestif. Il a été conseillé par la plupart de nos médecins, mais toutefois, avec assez de réserve pour éviter qu'il ne portât son action vers le cerveau et ne favorisât une congestion sur cet organe.

On a pensé qu'en produisant une perturbation énergique et soutenue sur l'estomac et sur les intestins, on arrêterait ce travail morbifique à la faveur duquel sont élaborées les matières blanches, floconneuses qui caractérisent les évacuations cholériques. C'est dans cette vue que l'on a, tour-à-tour, donné à des doses assez élevées, l'ipécacuanha, le calomel, la magnésie calcinée, le sulfate de soude, l'huile de ricin et même d'autres purgatifs plus drastiques. Plusieurs praticiens ont eu à se féliciter surtout des bons effets de l'ipécacuanha, dans cette occasion. Ce remède a, de plus que les autres, l'avantage de provoquer une diaphorèse et de hâter ainsi le moment de la réaction.

Les frictions mercurielles ont aussi été regardées comme

un des moyens perturbateurs les plus efficaces. Elle agissent puissamment sur le système lymphatique, l'un des plus répandus de l'économie, et occupent ainsi l'organisation à un travail continu, susceptible d'entraver la marche de la maladie.

L'onguent mercuriel a été prescrit à de très fortes doses. On en a employé jusqu'à une once pour chaque friction, que l'on répétait toutes les deux heures. On y était obligé par la difficulté de l'absorption, lorsque la peau conservait peu de chaleur.

Quelques médecins attribuent à ce médicament des résultats heureux.

La suppression de toute ingestion dans l'estomac a été, selon l'expérience de tous, la voie la plus sûre et la plus rapide pour obtenir la cessation des vomissements et des selles cholériques. On ne permettait aux malades que quelques gouttes d'eau fraîche pour soulager les tourments de la soif. La potion anti-émétique de Rivière, la tisane albumineuse, les eaux de Seltz, ont également été données, suivant cette même intention, mais en très petite quantité à la fois.

Avant que l'algidité ne fût prononcée, quand le pouls était encore soutenu et que d'ailleurs les conditions individuelles ne s'y opposaient point, la saignée, les applications de sangsues ou de ventouses scarifiées à l'épigastre, ont souvent réussi à empêcher que les fonctions circulatoires ne fussent suspendues ou arrêtées. Mais ce traitement cessait d'être applicable dès que le refroidissement était établi, l'écoulement du sang n'étant alors plus possible.

C'est encore dans l'espérance de réveiller l'action du cœur, que l'on a prescrit à l'intérieur des excitants de diverses sortes, tels que le café, le vin, le thé au rhum. Ces moyens ont pu avoir quelques succès; mais leur application doit être dirigée par une main habile et prudente, car leurs conséquences, par rapport à la réaction, sont difficiles à calculer.

La troisième indication, qui consiste à amener une réaction salutaire, en évitant le refroidissement ou en le fesant cesser, est celle qui a le plus occupé l'attention des médecins. L'algidité est bien en effet le phénomène le plus apparent, le plus caractéristique et le plus redoutable de la maladie; car il est le signe extérieur de l'anéantissement des fonctions organiques.

C'est ici que la richesse des remèdes est une preuve de la pauvreté de l'art. C'est ici que serait applicable le *spécifique*; si jamais le hasard ou la science nous le donnent.

Les médicaments opposés à cet état de la maladie ont été pris parmi les toniques, les anti-spasmodiques diffusibles, les excitants.

Ceux dont on s'est le plus communément servi sont : à l'intérieur, la glace, le kina, l'ammoniaque, le camphre, l'éther, l'acétate d'ammoniaque; à l'extérieur, l'application de la chaleur artificielle par des procédés variés, des frictions stimulantes avec la poudre de moutarde, des liniments ammoniacaux, la teinture de cantharides, des sinapismes sur presque tous les points de la surface du corps, des vésicatoires sur l'épine du dos, sur les attaches du diaphragme.

Mais hâtons-nous de dire, dans l'intérêt de la vérité comme de la science, que, parmi tous ces moyens, il nous serait plus aisé de désigner ceux qui ont été inutiles, que de proclamer l'efficacité des autres.

Lorsque la période algide a été bien établie, que les pulsations artérielles sont devenues imperceptibles, ou qu'elles ont été anéanties; les médicaments, de quelque sorte qu'ils aient été, n'ont pas eu le pouvoir d'impressionner une nature inerte.

2e *Période*. Nous avons dit que la réaction se présentait sous des formes différentes. L'observation doit donc indiquer le traitement convenable à chacune d'elles.

Quand la marche des symptômes de réaction a été simple, régulière, indépendante de toute complication ; que la chaleur est arrivée d'une manière progressive et non interrompue ; que le pouls s'est relevé, sans devenir dur et fréquent ; que le malade a été exempt de douleurs épigastriques ou abdominales, les seules ressources de la nature ont presque toujours suffi à la guérison, et le médecin est resté spectateur.

Mais ce rôle a dû cesser quand la réaction a été insuffisante et mal assurée, ou bien quand il est survenu des symptômes de phlegmasies locales ou de congestions organiques.

Il a fallu alors, tantôt soutenir les forces par des excitations graduées, tantôt s'opposer à leur exagération par des émissions sanguines plus ou moins actives, tantôt enfin, empêcher par des révulsifs puissants des mouvements fluxionnaires graves.

Dans les cas assez rares, où la réaction a pris les formes typhoïdes, c'est encore le traitement anti-phlogistique qui a le mieux réussi, en ayant égard toutefois aux divers phénomènes qui ont signalé, sur chaque individu, cette complication.

§ IX.

CONVALESCENCE.

La convalescence n'a rien offert de remarquable. Ceux qui, ayant été atteints par le choléra, ont été assez heureux pour échapper à une terminaison fatale, ont eu trop de motifs d'être prudents pour ne pas suivre avec exactitude les conseils de régime prescrits par les médecins.

Rarement, dans la convalescence, d'autres soins que ceux d'une simple hygiène ont été nécessaires. Quelquefois cependant des alternatives de diarrhée et de constipation, de la difficulté dans les fonctions de l'estomac, quelques symptômes d'irritation générale ou locale, ont persisté assez longtemps pour que le médecin dût y porter quelque attention. Alors il a fallu recourir à des moyens appropriés, tels que de légers laxatifs, des boissons toniques, des émissions sanguines, quand l'état du pouls l'a indiqué.

Trois exemples de récidive, signalés par les médecins, ont résulté d'imprudences graves commises avant même que la convalescence ne fût parfaitement établie. Dans ces trois cas, la mort est arrivée en quelques heures.

§ X.

APPRÉCIATION DE LA MORTALITÉ CHOLÉRIQUE PAR RAPPORT A DES CIRCONSTANCES DIVERSES.

Quels que soient les faits que nous ayons l'occasion de signaler dans l'examen des diverses circonstances au milieu desquelles s'est développée l'épidémie, nous nous abstiendrons d'en tirer aucune induction, aucun principe. Les éléments de nos calculs sont *heureusement* trop peu nombreux, pour qu'on puisse en regarder les résultats comme positifs. Mais, comparés à des observations recueillies dans d'autres lieux et dans des proportions plus étendues, ils fourniront leur part des données propres à fixer la valeur de certaines *causes prédisposantes*. N'auront-ils pas aussi quelque intérêt d'utilité pour le pays, s'ils provoquent une seule pensée d'amélioration ?

Population. Si du nombre 215, qui exprime la totalité des décès survenus à Nismes, pendant toute la durée de l'épidémie, on en déduit 8 décès fournis par les militaires, qui sont en dehors de notre population, il restera 207 décès à repartir entre 41,499 habitants; d'où il résulte que la mortalité, comparée à notre population totale, a été : : 4, 9 : 1,000; proportion très peu élevée, si on la compare à celle de Paris, égale à 23,5; ou à celle d'Arles, de Marseille, de Toulon, qui a de beaucoup dépassé ce chiffre.

Sexe. Sur ces 207 décès, on compte 76 hommes et 131 femmes. La ville renfermant 19,974 hommes et 22,192 femmes, la proportion des décès par rapport au sexe, est donc :

Pour les hommes : : 3,9 : 1,000.
Pour les femmes : : 5,8 : 1,000.

La mortalité a donc été d'un tiers plus forte chez les femmes que chez les hommes.

Age. La comparaison des **207** décès par rapport aux âges, nous donne le résultat suivant :

AGE.	NOMBRE des DÉCÈS.	POPULATION PAR AGE.	RAPPORT PAR 1,000.
De 60 ans et au-dessus.	68	3,635	18,4
De 50 à 60	35	3,777	9,0
De 40 à 50	35	5,711	6,1
De 30 à 40	28	5,676	4,9
De 20 à 30	14	5,367	2,6
De 10 à 20	17	4,995	3,4
De 0 à 10	10	12,105	0,8

Le choléra a agi par rapport aux âges comme le font presque toutes les maladies épidémiques. Son action a été d'autant plus énergique, qu'elle a rencontré moins de résistance vitale. C'est en effet de **20** à **30** ans que l'homme offre le plus de chances de vie. C'est aussi dans cette limite d'âge que la proportion des décès a été le moins élevée.

Un chiffre moindre, à la vérité, a été fourni par l'âge compris entre **0** et **10** ans ; mais nous devons faire remarquer qu'il peut et doit y avoir erreur dans cette appréciation. Les gens pauvres tiennent malheureusement peu de compte des maladies de leurs jeunes enfants. Rarement un médecin est appelé pour eux. Leur mort, arrivée d'une manière plus ou moins prompte, est toujours attribuée aux effets de la dentition ou à des attaques de vers, quels qu'aient été d'ailleurs les symptômes de la maladie. Le choléra peut donc en avoir moissonné un assez grand nombre d'une manière inaperçue, et sans que les tableaux de l'État civil en aient fait mention. Nous sommes d'autant plus portés à admettre cette conjecture, que l'on verra plus bas combien la mortalité générale, dans cette limite d'âge, abstraction faite de ce qui a été attribué au choléra, a dépassé, non-seulement la moyenne de 10 années, mais encore le maximum de la mortalité de ces mêmes 10 années.

POSITION SOCIALE — *Fortune*. Les 207 décès, comparés à la position de fortune des individus atteints, sont ainsi répartis :

POSITION SOCIALE.	NOMBRE des décès CHOLÉRIQUES.	POPULATION PAR CLASSES.	RAPPORT PAR 1,000.
Pauvres secourus. . . .	125	8,000	15,6
Habitants riches ou aisés.	82	33,266	2,4

On voit, par là, que les habitants pauvres ont été atteints dans une proportion presque quadruple de celle qu'a présenté la totalité de la population; tandis que la classe aisée a été frappée dans une proportion moindre que les individus de 20 à 30 ans, pris dans toutes les positions sociales.

On a même beaucoup étendu cette dénomination de *classe aisée*, puisqu'elle comprend tous les habitants *non secourus*. Il a donc pu se trouver, parmi les 82 décès qui lui sont attribués, plusieurs individus que l'on aurait pu, sans erreur, ranger au nombre des pauvres, ce qui diminuerait encore la proportion des décès chez les personnes aisées.

Profession. Nous n'avons rien remarqué, relativement aux professions, qui mérite d'être signalé. Le chiffre des décès, parmi les hommes adultes, est peu élevé, et les professions atteintes très variées; elles rentrent d'ailleurs dans la classe pauvre ou peu aisée, condition qui, comme nous venons de le voir, a vraiment fourni un aliment à l'épidémie.

DURÉE MOYENNE DE LA MALADIE, PAR RAPPORT AUX AGES ET AU SEXE. Nous avons dit que 107 décès, observés avec exactitude, se divisaient en 66, survenus après une maladie de moins d'un jour de durée, et 41, après une maladie de plus d'un jour de durée.

Ces deux catégories de nombres, comparées à l'âge et au sexe, fournissent les résultats suivants :

AYANT VÉCU MOINS D'UN JOUR, 66.				AYANT VÉCU PLUS D'UN JOUR, 41.			
AGE.		SEXE.		AGE.		SEXE.	
Enfants	Adultes.	Hommes.	Femmes.	Enfants.	Adultes.	Hommes.	Femmes.
5	61	29	37	1	40	17	24

MILITAIRES. Le 21e régiment d'infanterie légère, en garnison à Nismes, comptait 1,900 militaires présents, pendant la durée de l'épidémie : 8 d'entr'eux ont succombé à ses atteintes. Le rapport de la mortalité, parmi eux, a donc été de 4,2 par mille. Cette proportion, à peu près égale à celle observée pour la totalité de la population, paraîtra élevée, si l'on considère l'âge des militaires, qui est compris entre 20 et 30 ans, époque de la vie à laquelle la ville n'a fourni, en décès cholériques, que 2,6 par mille.

Mais le défaut d'acclimatement, quelques imprudences de régime auxquelles la surveillance la plus exacte, la discipline la plus sévère ne sauraient remédier, peuvent, jusqu'à un certain point, expliquer cette différence.

Il faut dire encore que parmi ces 8 militaires, 3 étaient atteints d'affections étrangères au choléra, quand ils ont été pris par l'épidémie.

Nous devons faire observer de plus que la caserne, quoique parfaitement tenue, est située dans le voisinage d'une des sections qui ont le plus souffert de l'épidémie.

Établissements publics. — Le *Séminaire*, le *Collége*, les *Pensionnats* particuliers, la *Maison de la Providence*, celle des *Orphelines protestantes*, la *Maison-d'Arrêt*, ont été tout-à-fait exempts de l'influence épidémique.

La *Maison-Centrale de détention*, habitée par 1,221 individus, en y comprenant 31 employés logés dans l'intérieur de l'établissement, n'a fourni qu'un seul décès cholérique; encore même le cas n'a-t-il pas été parfaitement caractérisé. C'était un détenu, âgé de 42 ans, et malade depuis longtemps d'une affection chronique de poitrine. Il entra à l'infirmerie le 20 août, se plaignant de coliques et de vomissements fréquents : le refroidissement, sans cyanose notable, arriva quelques heures après, et le 21 il mourut.

On peut donc dire, sans s'écarter de la vérité, que l'épidémie ne s'est réellement manisfestée dans aucun de nos établissements publics renfermant des individus valides.

Ce fait vient à l'appui d'une observation constatée dans tous les lieux où l'épidémie a régné. C'est que les réunions d'hommes soumis à des règles fixes de régime, de travail, d'habitudes, sont moins exposées à contracter la maladie que d'autres individus, placés en apparence dans des conditions meilleures; mais qui n'observent pas le même ordre, la même exactitude dans l'emploi de leur temps ou dans leur conduite habituelle.

HÔPITAUX. On a eu à traiter à *l'Hôtel-Dieu* 26 cholériques, depuis le 31 juillet jusqu'au 6 septembre, 14 militaires, 8 hommes civils et 4 femmes. Six militaires et 2 femmes sont sortis guéris; il y a donc eu 18 décès. Parmi les 8 hommes civils qui ont succombé, nous comptons les deux employés dont nous avons déjà parlé, au sujet du mode de propagation de l'épidémie. Des 6 restants, 2 étaient atteints de maladies chroniques mortelles, 1 n'a vécu qu'une heure après son entrée, et enfin les 3 autres ont été soumis, sans succès, à un traitement méthodique.

L'Hôpital-Général a été frappé par l'épidémie d'une manière fort remarquable. Il a été décimé dans 13 jours, après lesquels l'influence épidémique a cessé comme par enchantement. Cet établissement est habité par une population détériorée. Ce sont des vieillards infirmes de l'un et de l'autre sexe, des insensés, des enfants trouvés ou abandonnés, presque tous entachés d'affections scrofuleuses, souvent même de vice syphilitique congénial. Quoique soignés avec beaucoup d'intérêt, ces malheureux ont une manière de vivre très débilitante. Ils sont renfermés dans un local dont les dispositions intérieures laissent beaucoup à désirer sous le rapport de la salubrité. Ainsi, deux dortoirs sont situés au rez-de-chaussée, au-dessous du niveau de la cour.

Voici ce qui s'est passé dans cet établissement : une femme de 25 ans, usée par des affections vénériennes anciennes et profondes, entra dans la salle de la maternité pour y faire ses couches. Elle y était depuis près d'un mois, lorsque le 25 juillet, quelques symptômes de choléra se manifestèrent chez elle. Ils avaient semblé se dissiper à la faveur d'un traitement convenable ; mais le 28, les douleurs de l'enfantement survinrent, et l'accouchement eut lieu avec beaucoup de difficultés. De nouveaux symptômes cholériques se développèrent à la suite des couches, et cette femme périt le 31 juillet.

Le 6 août, un homme de 80 ans mourut en peu d'heures, avec des symptômes mal caractérisés.

Mais c'est le 9 août, que l'épidémie s'établit dans la maison d'une manière décidée. Ce jour-là deux vieillards périrent en quelques instants, et le 19 août on comptait 31 décès cholériques. Depuis ce jour, aucun cas n'a été observé.

Le tableau suivant indiquera de quelle manière ont été répartis ces 31 décès.

Population et décès cholériques de l'Hôpital-Général.

MATERNITÉ.		ENFANTS Trouvés ou abandonnés.				VIEILLARDS Infirmes.				INSENSÉS.				EMPLOYÉS Résidant dans la maison			
		GARÇONS.		FILLES.		HOMMES.		FEMMES.		HOMMES.		FEMMES.		HOMMES.		FEMMES.	
POPULATION.	DÉCÈS.	POPULATION.	DÉCÈS.	POPULATION.	DÉCÈS.	POPULATION.	DÉCÈS.	POPULATION.	DÉCÈS.	POPULATION.	DÉCÈS.	POPULATION.	DÉCÈS.	POPULATION.	DÉCÈS.	POPULATION.	DÉCÈS.
5	1	34	4	68	4	59	9	97	10	15	0	39	3	8	0	18	0

Dans cet établissement, la mortalité, comparée à la population, déduction faite des employés, a été de **97,7** par **1,000**, et, contrairement à ce qui s'est passé dans l'intérieur de la ville, elle a été, par rapport au sexe, beaucoup plus forte chez les hommes que chez les femmes ; on trouve en effet :

Pour les individus mâles **120,3** décès sur **1,000**.
Pour les individus femelles **86,1** décès sur **1,000**.

LOCALITÉS. — *Rez-de-chaussée*. Lors de l'épidémie qui régna à Paris en **1832**, il fut reconnu que l'une des professions qui avaient eu le plus à souffrir des atteintes du Choléra, était celle de portier. Cet événement ne pouvait être attribué à la nature des occupations habituelles de cette classe d'individus. On sait que leur service se borne, dans le plus grand nombre des maisons, à la surveillance de la porte et à l'entretien de la propreté des escaliers ; ce qui n'est ni pénible, ni malsain. Mais leurs habitations étroites, basses, encombrées, privées d'air et de soleil, devaient justement être regardées comme ayant contribué pour beaucoup à cette mortalité.

Nous avons donc voulu savoir ici, pour chaque maison, quelle était la situation des chambres où les décès cholériques avaient eu lieu. Pour cela, on a fait remplir sur les tableaux de l'état-civil, une colonne indiquant l'étage de la maison habité par le malade.

Il résulte de l'examen de ces documents que, sur **149** décès fournis par la population de la ville, abstraction faite de ce qui s'est passé dans les hôpitaux, **43** sont survenus dans des chambres du rez-de-chaussée. Près d'un tiers de la totalité des décès a donc eu lieu dans des habitations situées à un niveau égal ou inférieur à celui de la rue.

Nous devons faire remarquer toutefois qu'à Nismes, ces rez-de-chaussée ne sont guère habités que par la classe peu aisée des taffetassiers et des travailleurs de terre, lesquels, d'ailleurs, sont soumis à des causes multiples de prédisposition.

Sections. Nous avons réuni dans un tableau fesant partie des pièces annexées à ce rapport, plusieurs documents statistiques relatifs à la mortalité cholérique dans les douze sections de la ville. Les numéros des sections y sont placés suivant l'ordre d'élévation du chiffre des décès, par rapport à la population de chacune d'elles. Nous y avons aussi indiqué la surface du terrain qu'occupe chaque section. Mais nous regrettons de n'avoir pu connaître l'étendue de la portion habitée. Cet élément ne saurait être étranger au développement et à l'intensité des épidémies.

Des douze sections qui composent la ville, cinq ont éprouvé une mortalité supérieure à celle observée sur la totalité de la population de Nismes; six, une mortalité inférieure, et enfin une seule, la 11e, n'a reçu aucune atteinte de l'épidémie.

Parmi les cinq premières, la 8e a eu le plus à souffrir. Elle a été frappée dans une proportion presque triple du chiffre commun à toute la ville.

Mais cette proportion est encore bien plus remarquable, si l'on considère que sur 30 décès attribués à la totalité de la section, 27 appartiennent à la seule moitié extérieure; et dans cette moitié, à six rues seulement, les rues des Calquières, Grizot, boulevard des Calquières, plan de la Couronne, rue Seguier, rue de Colbert, contenant une population de 745 habitants.

Cette petite portion de la ville a donc eu à subir, par les effets de l'épidémie, une mortalité égale à 26, 2 par 1,000.

De tout temps, le quartier des Calquières a été regardé comme très malsain. Il a peu participé aux nombreuses améliorations qui ont changé l'aspect de Nismes depuis vingt ans.

Il est situé au sud-est et à la partie la plus déclive de la ville. Sa hauteur au-dessus du niveau de la Méditerranée n'est que de 42 mètres. Il est à 8 mètres au-dessous de la Fontaine, aux basses eaux.

Sillonné en plusieurs points par des branches de la Fontaine, il est traversé dans toute sa partie moyenne par le canal de l'Agau, dont la largeur varie entre 15 et 30 mètres. Ce canal est formé par la réunion de ces diverses branches, après qu'elles ont passé à travers les égoûts de la ville, et entraîné avec elles toute sorte d'impuretés. Ces eaux vaseuses, partant du boulevard des Calquières, arrivent jusqu'au pont de Blavet, dans la rue Notre-Dame, sans être recouvertes. En été, elles sont très peu abondantes, et comme elles occupent une assez grande surface, l'écoulement y est difficile; elles croupissent et produisent des émanations fétides.

Neuf ateliers de tannerie, très rapprochés les uns des autres et établis dans des maisons basses et peu aérées, augmentent encore les conditions d'insalubrité de ce quartier.

Bien souvent l'on s'est plaint des mauvaises odeurs qu'exhalent assez au loin les peaux que l'on soumet aux diverses préparations du tannage. En effet, la dépilation des peaux, leur lavage, leur macération dans des cuves remplies d'une eau souvent corrompue et, enfin, l'étendage, sont des opérations dont les incommodités et les inconvénients ne sauraient être contestés.

L'administration municipale a décidé que les eaux du canal de l'Agau, ainsi que ses ramifications, seraient recouvertes.

L'éloignement des tanneries serait une mesure tout aussi nécessaire. Malheureusement son utile exécution ne peut être que fort lente; car la loi qui donne toute force à l'autorité, pour s'opposer à la création de nouveaux établissements insalubres, ne permet, avec raison, que dans certains cas rares, la suppression des droits acquis.

La section qui suit immédiatement la 8e, par ordre de mortalité, est la 5e. Celle-ci, eu égard à la population, a présenté deux fois plus de décès que la totalité de la ville. Son niveau est de 6 à 7 mètres plus bas que celui de la Fontaine. Elle est presque entièrement habitée par des familles misérables, et quoique les rues soient larges et bien pavées, les maisons y sont basses et très mal tenues. Il en existe peu d'entre elles où l'on ne rencontre une petite cour remplie de fumier, et où les eaux ménagères ne croupissent, faute d'écoulement.

La 10e section, qui vient après celle-ci, est placée dans des conditions tout-à-fait analogues. Sauf la hauteur du sol, à peu près égale à celle des eaux de la Fontaine, et l'exposition, qui est ici au couchant de la ville, tandis que dans la 5e section elle est au levant, on trouve d'ailleurs même nature d'habitants, même disposition des rues et même malpropreté dans les maisons.

La 9e section attenante à la 8e et placée au midi de celle-ci, est la 4e suivant l'ordre de mortalité. Elle compte 17 décès répartis dans les rues de Notre-Dame, de Roussy, de Colbert et le quai Roussy, qui font réellement partie du quartier des Calquières, quoique n'appartenant pas à la même section. Les autres rues, en assez grand nombre, plus éloignées de la 8e section, n'ont pas eu un seul décès. Les causes d'insalubrité que nous avons indiquées pour la 8e section, auraient donc étendu sur celle-là leur funeste influence.

Enfin, la dernière des sections, parmi celles dont la mortalité a dépassé la proportion de toute la ville, est la 4e. Elle est composée de deux parties à peu près égales, dont l'une est située sur les points supérieurs du plan incliné de la ville, et l'autre, beaucoup plus basse, comprend les Casernes, dont le niveau est de 5 mètres au-dessous de celui de la Fontaine. Des 13 décès produits par cette section, 5 ont eu lieu dans la seule rue de l'Enclos-de-Rey, qui sert de ligne de démarcation entre les deux divisions. Les 8 autres décès sont survenus dans la partie basse et misérable des bourgades. Neuf décès sur 13 ont atteint des individus pauvres et secourus.

Dans deux sections la mortalité s'est assez rapprochée de la moyenne fournie par la totalité de la population nîmoise; mais elle lui a été un peu inférieure; ce sont les suivantes :

La 7e (4,2), placée au centre de la ville et dont les 8 décès ont été disséminés dans les rues les plus sombres, les plus étroites et les moins habitées par la population aisée;

La 12e (3,7), comprenant tout le faubourg du chemin de Montpellier. Elle occupe, au midi de la ville, une très grande étendue. Les habitations n'y sont ni très rapprochées les unes des autres, ni très étroites. Quoique sa population soit en général peu aisée; comme elle est principalement composée d'agriculteurs dont la manière de vivre est assez régulière, le choléra y a fait peu de ravages.

Les 1re, 3e, 6e, 2e et 11e sections semblent avoir été privilégiées; elles ont eu très peu à souffrir de l'épidémie. Il n'y a eu que 39 décès dans la totalité de leur population, composée de 23,072 habitants ; tandis que le seul quartier des Calquières, qui ne contient que 745 habitants, a perdu 27 cholériques. La proportion des décès pour l'ensemble de ces cinq sections est donc de 1,7 par 1,000, c'est-à-dire, trois fois moindre que le chiffre moyen des décès totaux de la ville.

Ces cinq sections occupent une partie de l'ouest et du nord de Nismes; elles sont voisines les unes des autres, et leur sol est presque en entier sur les parties les plus élevées du plan incliné. Des deux sections comprises dans l'intérieur de la ville, l'une, la 11e, n'a eu à déplorer aucune perte par l'effet de l'épidémie ; l'autre, la 6e, a vu naître dans ses plus mauvaises rues les premiers cas de choléra, et n'a perdu néanmoins que 1,2 habitants par 1,000.

La ville entière peut donc être divisée en deux parties distinctes, suivant la différence d'intensité de l'épidémie. La première, formée par les 8e, 5e, 10e, 9e, 4e, 7e et 12e sections, a eu 119 décès pour 18,427 habitants, mortalité égale à 6,4 par 1,000. La seconde, comprenant les 1re, 3e, 6e, 2e et 11e sections, peuplées de 23,072 habitants, n'a eu que 39 décès; c'est-à-dire, une mortalité égale à 1,7 par 1,000. Une ligne rouge tracée sur le plan de la ville, annexé à ce rapport, forme la limite de ces deux divisions.

Banlieue. La banlieue de Nismes se compose, d'une part, de 729 habitants, qui occupent 114 métairies ou maisons de campagne éparses dans le territoire de la ville et, en second lieu, des hameaux de Courbessac et de St-Césaire, contenant ensemble 1,015 âmes.

Le total de la population de la banlieue est donc de 1,744 habitants.

Courbessac est situé au nord-est de la ville. Il est formé par

par 105 maisons séparées par des terrains assez considérables et placées, les unes sur la hauteur d'une de ces collines qui circonscrivent la ville, les autres sur le revers de cette même colline, dans une petite vallée, dont la direction du nord au midi favorise la libre circulation des principaux vents. Plusieurs sources fournissent une eau très salubre et assez abondante pour les besoins usuels, même pendant l'été. Ce hameau, dans sa partie la plus basse, présente une élévation de beaucoup supérieure à celle de la ville. Sa population est de 446 habitants.

St-Césaire se trouve dans des conditions différentes. Il est au sud-ouest de la ville et plus bas qu'elle. Les 150 maisons qui le composent font face au midi. Elles sont, à peu d'exceptions près, réunies les unes aux autres et, en quelque sorte, engagées dans une concavité formée par la ligne des collines qui environnent Nismes; de telle manière que le hameau, ainsi enveloppé, est réellement soustrait à l'influence salutaire des vents qui balayent les mauvaises exhalaisons. Quoiqu'en général les habitants y soient aisés, puisque nul d'entr'eux n'a recours à la charité publique, les maisons y sont cependant étroites, basses et mal tenues.

Voici ce qu'on lit dans la *Topographie de Nismes*, publiée en 1802, par MM. Vincens et Baumes, au sujet de la durée de la vie, dans la banlieue : « Courbessac est le plus favorisé; la » vie commune y est de quarante-deux ans trois mois, ou de » sept ans trois mois plus longue que le terme moyen de la » banlieue, ce qui justifie l'opinion vulgaire, répandue à » Nismes, sur la salubrité de ce canton.

» Le point opposé de Courbessac dans le territoire, pour » la position, comme pour la durée de la vie, est à St-Césaire.

» On n'y a qu'un terme moyen de vingt-neuf ans trois mois, » c'est-à-dire, cinq ans deux mois de moins que le terme » commun du territoire. C'est de tous nos villages, celui où » l'on trouve le moins de vieillards. »

L'événement est venu justifier ces assertions. Courbessac et les maisons de campagne de la banlieue ont été respectés par l'épidémie, tandis que les 569 habitants de St-Césaire ont fourni 17 malades cholériques et 11 décès; ce qui équivaut à la proportion énorme de 19,1 par 1,000. Ces 11 décès ont été répartis entre 4 hommes et 7 femmes, parmi lesquels on trouve un jeune homme de 14 ans, une jeune femme de 25 et 9 individus ayant dépassé l'âge de 40 ans.

L'épidémie a disparu 24 jours après son apparition, qui avait eu lieu le 4 août, et n'a rien offert de particulier à la localité, ni dans sa marche, ni dans ses symptômes.

La durée moyenne du choléra, chez les 11 individus qui ont succombé, a été de 17 heures et 5 dixièmes, et chez les 6 qui ont survécu à la maladie, de 3 jours, après lesquels ils sont entrés en convalescence.

§ XI.

DE LA MORTALITÉ POUR CAUSES ÉTRANGÈRES AU CHOLÉRA.

Une question qui intéresse l'histoire générale des épidémies et qui se rattache, par conséquent, à notre travail, est celle de savoir quelle a été, pendant la durée du choléra-morbus parmi nous, la modification qu'en a éprouvé le chiffre de la mortalité pour causes ordinaires.

S'il est vrai que les conditions les plus propres à favoriser le développement de l'épidémie, se rencontrent principalement chez les individus dont la santé est affaiblie ou délabrée, soit par l'âge, soit par des maladies chroniques; il semble que la plupart des événements produits par le fléau, n'auraient fait qu'anticiper sur ceux qui seraient inévitablement survenus par la seule force des choses, dans quelques semaines ou dans quelques mois. Dès-lors, en comptant comme cholériques les décès de ces individus, le chiffre de la mortalité ordinaire, dans l'année de l'épidémie, devrait être moindre que dans les années communes.

Cependant il n'en a pas été ainsi. Les faits prouvent au contraire que, bien que les prédispositions soient incontestables, l'influence épidémique ne se fait pas seulement ressentir sous des formes régulièrement identiques, mais encore qu'elle exerce une action malfesante et inaperçue, de nature à aggraver ou même à produire les maladies les plus dissemblables.

A Paris, en 1832, la mortalité totale fut de 44,119; en déduisant de ce nombre, 18,402 décès cholériques, il reste pour causes ordinaires 25,717 décès. Ce chiffre, comparé à la moyenne prise sur 10 années et égale à 25,300, présente, en plus, une différence de 417, pour l'année pendant laquelle régna le choléra-morbus.

A Nismes cette différence a été, relativement, beaucoup plus considérable, comme on peut le voir par le tableau suivant :

Total de la mortalité de chaque année depuis 10 ans.

ANNÉES.	1825.	1826.	1827.	1828.	1829.	1830.	1831.	1832.	1833.	1834.	MOYENNE des 10 années.	1835.
NOMBRE de décès.	1,564	1,540	1,302	1,366	1,807	1,828	1,790	1,575	1,703	1,768	1,626,4	2,052

duquel il résulte, qu'abstraction faite des 215 décès attribués au choléra, il est mort à Nismes, en 1835, 1,837 individus pour causes ordinaires; chiffre qui dépasse de 200 la moyenne des 10 années précédentes, et de 9 le maximum de ces mêmes 10 années.

Il n'est pas hors de propos de faire remarquer ici, que ce maximum eut lieu en 1830; époque de perturbation politique, fatale à un grand nombre de personnes, soit à cause des émotions morales qu'elle amena, soit à cause des attentats individuels que provoquent toujours des troubles civils. Envisagées sous le point de vue médical, les révolutions politiques ne sont-elles pas comparables à des épidémies, à des fléaux destructeurs? Quels que soient les progrès de civilisation auxquels elles conduisent; elles ont toujours une funeste influence sur l'organisation physique des hommes qui les subissent, et même de ceux qui en recueillent les fruits. Non-seulement elles mettent en jeu les passions bonnes ou mauvaises de tous, et usent ainsi l'organisme; mais, en réveillant des sentiments de domination, de haine ou de vengeance, elles entraînent souvent à des actions déplorables, et rendent toujours plus ou moins meurtrière l'année qui les a vu naître.

Mais, pour avoir une idée encore plus exacte de cette influence épidémique que nous voulons constater, il est utile d'examiner quelle a été, à Nismes, la mortalité indépendante du choléra dans les mois d'août et de septembre, pendant lesquels a régné l'épidémie, et de la comparer à celle des pareilles époques des années antérieures.

Deux tableaux, placés au rang des pièces annexées, indiquent le nombre des décès, jour par jour, des mois d'août et de septembre des 10 années qui ont précédé 1835, ainsi que le chiffre moyen de tous ces nombres. Dans la dernière colonne, on a séparé, pour 1835, les décès en général, des décès cholériques, suivant les âges et les sexes; afin de rendre la comparaison aussi précise que possible.

Les résultats généraux, auxquels on arrive par l'examen de ces documents, se résument ainsi :

DÉSIGNATION DE LA MORTALITÉ.	1835.	
	AOUT.	SEPTEMBRE.
Total des décès pour toute cause.	481	174
Cholériques	197	18
Non-cholériques	294	156
Moyenne de 10 années.	190	154,4
Différence avec cette moyenne	+104	+1,6
Maximum de 10 années.	255 (1831)	235 (1833)
Différence avec ce maximum.	+ 39	— 79

On voit, par là, que dans le mois d'août 1835, pendant lequel le choléra a exercé le plus de ravages à Nismes, la mortalité étrangère à ce fléau a dépassé de 104 le chiffre moyen de la mortalité de ce même mois pendant 10 années, et de 39 le maximum que l'on observa en 1831; tandis que dans le mois de septembre 1835, l'épidémie étant presque éteinte, puisqu'on n'a compté que 18 décès cholériques, la mortalité ordinaire a été à peu près égale à la moyenne de 10 ans.

La différence annuelle de 200, que nous avons indiquée plus haut, porte donc principalement sur le mois d'août 1835, qui, à lui seul, a fourni le chiffre de **104**, de plus que la moyenne.

Relativement aux âges et au sexe, la comparaison est encore fort digne de remarque ; voici ce que l'on trouve :

DÉSIGNATION DE LA MORTALITÉ.	1835.					
	AOUT.			SEPTEMBRE.		
	Hommes.	Femmes.	Enfants.	Hommes.	Femmes.	Enfants.
Total des décès pour toute cause	102	174	205	53	39	82
Cholériques	78	98	21	7	11	0
Non-cholériques.	24	76	184	46	28	82
Moyenne de 10 années	40,7	34,6	114,7	45,6	36,7	72,3
Différence avec cette moyenne .	– 16,7	+ 41,4	+ 69,3	+ 0,4	– 8,7	+ 9,7
Maximum de 10 années	75 (1831)	53 (1831)	146 (1832)	86 (1833)	64 (1833)	99 (1830)
Différence avec ce maximum . .	– 51	+ 23	+ 38	– 40	– 36	– 17

Chez les hommes, la mortalité étrangère au choléra a été, pendant les deux mois de règne de l'épidémie, de **16,3** au-dessous de la moyenne des **10** années. Mais il n'en a pas été de même pour les femmes et les enfants. C'est entièrement sur ces deux classes d'individus que s'est portée la différence. Elle a été, pour le mois d'août, de **41** femmes et **69** enfants de plus que la moyenne, et de **23** femmes et **38** enfants de plus que le maximum. Dans le mois de septembre, le chiffre de la mortalité, pour les trois classes, a peu différé de la moyenne.

Ces différences sont trop marquées, pour qu'il soit possible de les regarder comme fortuites. Ne tiennent-elles pas à une cause puissante, active, énergique, comme serait l'influence de l'épidémie ?

Ici se termine cette première partie de notre rapport. Nous ne saurions trop répéter que ce n'est point un *Traité sur le Choléra-morbus*, que nous avons eu la prétention d'offrir à nos concitoyens. Notre tâche était plus simple et plus modeste, si ce n'est plus facile. Il s'agissait de raconter avec exactitude des événements médicaux relatifs à notre localité.

Quoique le fléau qui nous a visités, ne nous ait point traité avec cette extrême rigueur qu'il a déployée dans des lieux voisins, les souvenirs ne devaient point en être perdus. Il y avait quelque intérêt à les recueillir, et nous nous sommes chargés de ce soin. Notre seul mérite consiste donc dans la fidélité de nos récits. Cependant nous n'osons pas nous flatter que ce travail soit exempt d'erreurs; mais si elles existent, nous pouvons affirmer que nous n'avons épargné, pour les éviter, ni le temps, ni la peine, ni la sévérité dans nos recherches, au milieu de renseignements nombreux et difficiles à rassembler.

II.

PARTIE ADMINISTRATIVE.

II.

PARTIE ADMINISTRATIVE.

§ I.

MESURES PRISES PAR L'ADMINISTRATION PENDANT L'INVASION DU CHOLÉRA.

Ce fut du 10 au 25 juillet, que l'administration s'occupa sérieusement de l'organisation des secours et des mesures nécessités par l'approche du choléra.

L'administration était cependant encore, à cette époque, placée dans cette situation embarrassante, mais inévitable, où l'incertitude du danger ne légitimait pas toutes les prévisions, et où néanmoins de nombreux avertissements, venus du dedans et du dehors, lui fesaient un devoir rigoureux de tout prévoir.

Dès le 25 cependant, elle n'hésita pas à donner de la publicité aux mesures qu'elle avait préparées; car la situation des esprits était telle, que ce n'était plus en cachant ses craintes à la population que l'autorité pouvait espérer de la calmer, mais bien au contraire en lui démontrant par ses actes qu'elle s'occupait d'elle.

Le conseil municipal fut convoqué pour le 1er août; les administrations de bienfesance se réunirent.

L'on peut se rappeler les préoccupations fâcheuses, qui

régnaient dans la ville au moment où le conseil municipal se constitua : les circonstances étaient en effet pénibles, et nous concevons qu'elles aient pu inspirer aux esprits les plus calmes de sérieuses inquiétudes.

L'épidémie prenait chez nos voisins des proportions affligeantes.

Elle débutait chez nous par une marche, lente à la vérité, mais progressive; et les conditions, comme le terme de sa marche, appartenaient encore à l'inconnu.

Notre population ouvrière, épuisée par le chômage de ses métiers et par les effets d'une saison qui, en tout temps, double chez nous le chiffre ordinaire de la mortalité, nous semblait, plus particulièrement qu'une autre, vouée à l'épidémie.

Une partie de nos concitoyens abandonnait la ville; et leur départ nous privait de cette somme de salaires de toute espèce, que la consommation des classes aisées fait entrer incessamment dans les conditions de l'aisance publique et de l'existence du pauvre; c'était une nouvelle cause de découragement et de misère, ajoutée à beaucoup d'autres misères.

De funestes égarements avaient saisi ailleurs des populations frappées par l'épidémie; là encore, une sécurité parfaite ne nous était pas permise, à nous que le fléau des passions populaires a souvent visités.

Il fallait donc, pour opérer le bien dans Nismes, à cette époque, prévenir, par une influence immédiate et de tous les instants, le découragement ou les erreurs qui pouvaient s'emparer de notre population, et détruire, autant que possible, par une meilleure alimentation et par une large distribution de secours, cette prédisposition à l'épidémie que la misère publique avait produite.

Grâces à Dieu et au dévouement d'un grand nombre d'hommes de bien, l'administration a vu s'accomplir cette double et salutaire tâche.

La délibération du conseil municipal du 1er août fut importante et décisive ; qu'il me soit permis de la rappeler.

Après avoir pourvu, par un vote de fonds et par un appel à la charité, aux dépenses que les besoins publics pourraient réclamer, la permanence du conseil fut établie pendant la durée de l'épidémie, et, par la voie du sort, Messieurs les membres du conseil se distribuèrent en trois séries, qui devaient siéger, chacune pendant quinze jours.

Le 1er août, la première série se réunit à la Mairie ; elle se constitua en commission municipale de salubrité, et s'occupa, immédiatement après, de l'organisation de douze commissions de quartier.

Peu de jours suffirent à cette organisation ; le zèle d'un grand nombre de citoyens répondit si bien à l'appel que nous leur adressâmes et à l'impulsion qui fut donnée aux sentiments honorables de la population, que bientôt les douze sections de la ville eurent leur commission, et, dans chaque section, tous les quartiers leurs commissaires.

La commission municipale put donc, tous les matins, connaître par les rapports de douze délégués, qui devenaient ainsi la représentation la plus sincère et la plus légitime, qu'il fut jamais, des intérêts publics, tous les besoins de la ville ; et y répondre aussitôt par des mesures qu'elle exécutait elle-même, ou qu'elle confiait immédiatement à la commission de chaque quartier.

Cette association, douée d'un mouvement régulier et rapide, a rendu la tâche de l'administration plus facile et plus complète. Le pays lui doit de grandes obligations pour le bien qu'elle a fait et les maux dont elle l'a peut-être préservé; elle est encore assez fortement constituée pour suffire à de nouvelles calamités, si l'ennemi capricieux qu'elle a combattu nous en réservait d'autres.

En même temps que l'action des commissaires de quartier s'exerçait dans toutes les parties de la ville, et pénétrait par ses secours et ses exhortations dans chaque famille pauvre; trois institutions permanentes, les hospices, le bureau de bienfesance et le consistoire, coopéraient, avec un grand développement de soins et de moyens, à la lutte que nous avions engagée contre l'épidémie.

Messieurs les curés de chaque paroisse et leur clergé participaient à la tâche commune, en ajoutant à leur saint ministère l'office pénible de distributeurs d'aumônes. Chaque semaine, la commission municipale leur fesait remettre, ainsi qu'à Messieurs les pasteurs du culte protestant, un certain nombre de bons de viande, qu'ils distribuaient aux nombreux malades qui réclamaient leurs exhortations religieuses.

Messieurs les médecins recevaient également de la commission municipale, des bons signés en blanc, sur lesquels ils inscrivaient leurs prescriptions médicales, et que tous les pharmaciens de la ville, d'après une instruction générale, exécutaient à l'instant.

Telles ont été les formes principales de cette vaste association de bienfesance, qui n'a pas connu le découragement, pendant que l'épidémie et la cessation du travail lui créaient, chaque jour, de pressants et laborieux devoirs, et qui retrouverait, à l'instant, toute sa force et toute son activité, si de nouveaux malheurs les lui demandaient encore.

C'est bien grâces à sa constante intervention, et à son influence activement exercée et généralement acceptée, que nous avons dû l'inexprimable bonheur de voir notre population supporter avec calme et résignation, avec un esprit remarquable de rapprochement et de mutuel soutien, le passage d'une épidémie, redoutable sans doute par les coups dont elle frappait les familles, mais plus redoutable, à notre avis, par cet effroi général, ces émigrations nombreuses et cette perturbation publique, qui, partout, précédaient et caractérisaient son invasion. Pendant toute sa durée à Nismes, l'autorité n'a pas eu à réprimer un seul de ces désordres qui, ailleurs, ont profondément affligé la raison publique et l'humanité; jamais même elle n'avait vu la population plus calme et plus unie dans un sentiment général de confiance réciproque et de fraternité.

C'est bien là un fait remarquable, dans le pays que nous habitons, et que nous nous garderons bien de laisser tomber dans l'oubli; il est l'expression incontestable de cette tendance à l'ordre, et à l'esprit de justice et de rapprochement qui se révèle depuis quelque temps au sein de notre population, tendance que nous avons appréciée avec bonheur, et qui vient ajouter une nouvelle et délicate tâche aux devoirs essentiels de l'administration.

C'est par des paroles et des actes toujours empreints de justice et de bienveillance pour tous, c'est par une impartialité intelligente des intérêts de la cité, qu'elle doit encourager puissamment cette impulsion bienfesante qui efface peu-à-peu les traces de nos malheurs, et qui, seule, peut donner à notre avenir des conditions plus certaines de confiance et de prospérité.

Qu'on nous permette de réclamer encore quelque attention sur l'organisation et l'action particulière de chaque commission de section, et de chaque institution de bienfesance. C'est à leur concours, nous nous plaisons à le répéter, que nous devons, en grande partie, les résultats dont nous nous félicitons en ce moment.

§ II.

COMMISSIONS DE QUARTIER.

1re *Section*. MM. Pierre Curnier, président, négociant-fabricant; Emile Barre, négociant-fabricant; Bianquis-Gignoux, libraire; Henri Lauront, commissionnaire; Hippolyte Carbonnel, commissionnaire; Emile Joyeux, fabricant de gants; Cadet Meynard, fabricant de bas; Eugène Reumont, fabricant d'étoffes; Louis Bruguière, commissionnaire; Gilly, jeune, fabricant; Edouard Michel, commissionnaire; Jacques Rigot, imprimeur d'indiennes.

La 1re Section ne compte pas au nombre de celles que l'épidémie a le plus visité : elle n'est que la 8e dans l'ordre des décès.

Néanmoins des secours considérables ont été apportés, pendant toute la durée de l'épidémie, aux familles d'ouvriers qui l'habitent, et que la misère pouvait prédisposer aux atteintes du mal.

La commission a obtenu d'heureux résultats, et les soins laborieux auxquels elle s'est livrée, ont été récompensés par l'ordre et le calme, qui n'ont pas abandonné un instant une population ouvrière que les premières manifestations de l'épidémie avaient alarmé.

232 familles composées de 905 individus, ont été secourues par elle.

La 1re section a reçu de la commission municipale, du 1er août à la fin d'octobre, 749 fr. distribués par elle en secours divers, et 2,175 kilog. de pain, ce qui donne 30 fr. et 9 kilog. 1/2 de pain par famille.

Aucune famille ne lui paraît avoir été mise, par les suites du choléra, hors d'état de pourvoir elle-même à son existence; elle ne réclame donc pas de plus longs secours.

2e *Section*. MM. Boissier, percepteur, président; Adolphe Sabran, fabricant de châles; Devèze, fils, fabricant de châles; Puget, fabricant d'étoffes de soie; Emile Défagues, marchand de soieries; Benoit-Aurivel, fabricant; Lauraire-Conte, fabricant; Prouzet, fabricant; Auguste Roussy, voyageur du commerce; Gaidan, fabricant d'étoffes; Jules Bonnaud, fabricant d'étoffes; Valentin Hyacinthe, fabricant de gants; Guyon-Jonquet, fabricant de bas; Maignon, fabricant d'étoffes.

La 2e Section est la 11e dans l'ordre des décès.

MM. les commissaires ont eu 128 familles, composées de 397 individus, à secourir pendant la durée de l'épidémie.

Ils ont reçu de la commission municipale, 589 fr. en argent, distribués en secours divers, et 1,725 kilog. de pain; ce qui donne 4 fr. 60 c., et 13 kilog. 1/2 de pain par famille, pendant trois mois.

La commission a poussé les soins économiques de ses distributions jusqu'à faire confectionner elle-même le pain qu'elle livrait aux familles indigentes; elle leur distribuait ainsi, à moins de frais, une qualité de pain meilleure et toujours préférée par elles.

La plus grande partie de ses charités s'est faite en pain; 59 familles sur les 128 ont reçu des bons de viande, 3 seulement de l'argent.

3e *Section*. MM. Turion, avoué, receveur des hospices, président; Troupel, fabricant de bas; Maumenet, commissionnaire; d'Hombres, imprimeur et fabricant d'étoffes; Serres, fabricant de bourrettes; Soulas, fabricant de châles et tapis; Barnouin, fabricant de châles; Cyprien Hugon, fabricant d'étoffes; Favier, revendeur épicier; Domergue, fabricant de bas; Bénézet, propriétaire; Betoux, perruquier; Reboul, fabricant d'eau-de-vie.

La 3e section est la 9e dans l'ordre des décès.

MM. les commissaires ont secouru, pendant la durée de l'épidémie, 263 familles indigentes, composées de 966 individus.

Ils ont reçu de la commission municipale 638 fr. en argent, distribués en secours divers, et 1,750 bons de pain, ce qui donne 2 fr. 40 c. et 6 kilog. 1/2 de pain par famille.

Le pain a suffi, dans cette section, à la plus grande partie des secours. Environ 2,000 kilog. ont été distribués; un peu d'argent, quelques bons de viande et quelques paillasses ont fait le reste.

La commission appelle l'attention du conseil municipal sur une malheureuse famille, que l'épidémie a réduit au plus profond dénûment.

4e *Section*. MM. Bonafoux, aubergiste, président; François Lafond, ex-cafetier; Jullian, cafetier; Jacques Aubert, maçon; Alexandre Liotard, liquoriste; Bourrely, fils, commissionnaire; Bourrely, aîné, commissionnaire; Duplan, fils, marchand de grains ; Durand Léon , architecte ; Déloche , professeur ; Godart , employé à la préfecture.

La 4e section n'est que la 5e dans l'ordre des décès. Mais elle subissait, plus qu'une autre , peut être , ce sentiment d'anxiété vague qui s'était emparé de la population au moment de l'invasion du choléra; presque exclusivement peuplée d'ouvriers, les effets de la misère publique y étaient plus évidents qu'ailleurs, et la commission, alarmée par le voisinage du cimetière de la route d'Uzès, redoutait, pour la population, l'insalubrité du quartier.

Mais des visites fréquentes de MM. les commissaires chez les familles les plus malheureuses ; les consolations et les secours qu'ils n'ont cessé d'y apporter ; la promesse qu'ils donnaient à toutes de ne point les abandonner dans le danger , rétablirent bientôt la confiance, et, dans cette section comme dans les autres, la même cause, c'est-à-dire, le dévouement des commissaires du quartier, a produit les mêmes heureux effets.

Les secours ont été accordés à **207** familles composées de **784** individus.

La commission a reçu **920** fr. en argent, distribués par elle en secours divers , et **2,550** kilog. de pain.

Ce qui donne 4 fr. 44 c. en argent, et 12 kilog. 1/2 de pain par famille, pendant trois mois.

Les secours divers distribués ont consisté en pain, viande, argent, toile et paille.

De l'avis de la commission, deux familles y restent à la charge de la charité publique.

5e *Section*. MM. Nicot, recteur de l'académie , président ;

Cler, propriétaire; Pomassier, ex-pharmacien; Dufès, aubergiste; Vachet, marchand de bois; Jourdan-Valadier, propriétaire; Guirauden, fabricant de bas; Aumeras, maçon; Coustan, propriétaire; Vignal, propriétaire; Bourrely, ex-marchand de farines; Chabert, fils, commissionnaire; Bertrand, fils, fabricant; Froment, ex-pharmacien; Bertrand; Thomas, propriétaire; Walsin, propriétaire; Domergue, économe du collége; Brunel, fils, commis chez M. Curnier; Pioly, commissionnaire; Cabiac, fabricant; Charles, tanneur.

La 5e section est la 2e dans l'ordre des décès.

Elle a pour limites les routes d'Uzès et d'Avignon. Ces indications suffisent pour donner une idée de la population qui l'habite; elle est nombreuse et entièrement composée d'ouvriers. Ces circonstances et celles de l'épidémie, dont l'intensité s'est surtout manifestée dans la portion de la ville à laquelle appartient la 5e section, ont dû rendre très considérables les travaux de la commission.

Dans les premiers jours d'août, elle porta tous ses soins au maintien de la propreté, à la collecte des fonds et surtout à la distribution des secours. Elle se partagea en autant de sous-commissions qu'il y avait d'iles dans la section. Ces sous-commissions, chargées de répartir les dons de la charité et de s'assurer si les habitants s'étaient conformés aux mesures de propreté et aux précautions hygiéniques recommandées par l'autorité, s'appliquèrent aussi à énumérer et à connaître toutes les familles indigentes de la section.

L'état en fut déposé à la mairie, le 29 août; le nombre s'élevait ce jour-là à 1,010 individus, formant 311 familles.

Justement alarmée de ce chiffre, la commission s'efforça de le réduire : elle donna moins, là ou il y avait encore un peu de travail ; elle ne donna plus aux hommes jeunes, et elle engagea les ouvriers à se procurer de l'ouvrage dans les campagnes.

L'application de ces principes amena une réduction notable.

Néanmoins, la moyenne des familles secourues pendant toute la durée de l'épidémie ne peut pas être évaluée à moins de 150.

La section a reçu de la commission municipale 1,266 fr. en argent, distribués en secours divers, et 2,650 kilog. de pain, ce qui donne 8 fr. 40 c., et 18 kilog. de pain par famille.

La distribution des secours n'a jamais été faite en argent ; elle a été opérée, sauf quelques exceptions, en bons de viande et principalement de pain.

La commission s'est mise en relation avec les religieuses qui régissent le bureau de bienfesance, et le diacre chargé des protestants pauvres de la 5e section.

Elle a obtenu en bouillons, viande, pain, chemises, paillasses, des secours, si non égaux aux besoins, du moins suffisants pour les premières et plus urgentes nécessités.

La commission a trouvé la population confiante et résignée ; elle s'est constamment attachée à maintenir et à accroître ces sentiments.

La commission de la 5e section considère comme devant rester encore à la charge de la bienfesance publique, 7 familles frappées par le choléra.

6e *Section*. MM. Rossel, vice-président, président; Atquier, négociant ; Armand, commissionnaire ; Brousse, négociant-fabricant ; Boucoiran, pharmacien ; Ducros, pharmacien ;

Donzel, notaire; Huc-Ganteaume, commissionnaire; Levat, fabricant; Mirande, droguiste; Manse, notaire; Maurin, négociant; Prade, négociant; Mirabeau-Aurivel, fabricant.

La 6e section est la 10e dans l'ordre des décès.

C'est dans ses limites que se manifestèrent les premiers symptômes de l'épidémie; cette circonstance jointe à l'insalubrité de la plupart de ses rues, qui manquent de jour et d'air, et qui reçoivent du canal de l'Agau, pendant tout l'été, des émanations malfesantes, paraissait préparer à la commission du quartier une tâche laborieuse; néanmoins ces prévisions alarmantes ne se sont point réalisées; l'épidémie, née en quelque sorte dans la 6e section, ne s'y est pas développée, et les distributions en pain et en argent que ses effets ont cependant rendu nécessaires, n'ont pas dépassé les ressources mises par la ville à la disposition de MM. les commissaires du quartier.

Le nombre des familles secourues pendant l'épidémie, est de 21; celui des individus est de 95.

La section a reçu de la commission municipale 153 fr. en argent, distribués par elle en secours divers, et 726 kilog. de pain; ce qui donne 8 fr. et 35 kilog. de pain par famille, pendant trois mois.

Quatre familles paraissent à la commission mériter encore, pendant quelque temps, les secours de la ville.

7e *Section*. MM. Cassagne, juge de paix, président; Fornier de Clausonne, conseiller à la cour royale; Pourrat, aîné, marchand de soieries; Bourrié, fils, marchand d'indiennes; Attenoux, aîné, commissionnaire; Sagnier-Teulon, fabricant; Blanc, père, droguiste en gros; Devèze, aîné, avoué; Cavaillon, fils, avoué; Teulier, fils, négociant.

La 7e section est la 6e dans l'ordre des décès.

Placée au centre de la ville, et habitée, en général, par une population aisée, elle n'a ressenti que dans une proportion modérée les effets de la souffrance publique.

La commission a relevé, dans la visite générale qu'elle a faite des maisons de sa section, 60 familles, soit 245 individus, dignes de secours.

Elle a reçu de la commission municipale 401 fr. en argent, distribués en secours divers, et 1,000 kilog. de pain, ce qui donne 6 fr. 60 c., et 16 kilog. de pain par famille, pendant trois mois.

Cette section, plus heureuse que d'autres, ne signale aucune famille que les coups de l'épidémie aient mis hors d'état de se soutenir par elle-même.

8e *Section*. MM. Jean Vigouroux, propriétaire, président; Isaac Arnaud, marchand de cuirs et laines; de Trinquelague, président; Gamel, médecin; Sève, notaire; Martin, marbrier.

La section 8e est la première dans l'ordre des décès.

Pour se rendre un compte exact des travaux de ses commissaires, il est bien de remarquer que cette portion de la ville se divise en deux quartiers assez distincts, et séparés par le boulevard des Calquières.

Le premier, habité par des familles en général aisées, se compose des rues voisines du Palais de Justice, de l'Hôtel-de-Ville et du Collége Royal.

Le second, se compose des rues ou places Séguier, de l'Écluse, des Carmes, des Calquières, Grizot et de la Couronne; il renferme environ 200 familles ou 745 habitants.

Le premier quartier n'a presque pas compté de malades

cholériques; le second au contraire, cruellement maltraité par l'épidémie, a réclamé et constamment obtenu des soins extrêmement pénibles de la part de cinq membres de la commission, MM. de Trinquelague, Vigouroux, Jean Arnaud, Gamel et Martin.

La présence et les encouragements de ces commissaires, au moment où l'épidémie décimait leur quartier et mettait en fuite tous leurs voisins, nous ont rendu les plus grands services, et nous signalons leur honorable et courageuse conduite à la reconnaissance du conseil municipal : M. Martin est mort du choléra.

Le nombre des familles soutenues pendant l'épidémie, s'est élevé à 23, ou 70 individus, nombre considérable, car il se rapporte au chiffre partiel de la section, cité plus haut.

La section 8 a reçu de la commission municipale 620 fr., distribués en secours divers, et 750 kilog. de pain, ce qui donne 27 fr., et 32 kilog. 1/2 de pain par famille, pendant 3 mois.

10 familles paraissent à la commission mériter encore, pendant quelque temps, les secours publics ; elles ont toutes perdu, par les suites de l'épidémie, leurs soutiens et leurs moyens d'existence.

9e *Section*. MM. Belieu-Chavanier, ex-aubergiste, président; Casimir Lavondès, maître d'hôtel garni; Antoine Maruéjols, propriétaire; Galtier, entrepreneur des lits militaires; François Laune-Maruéjols, propriétaire; Leygnadier, fabricant; M. Daniel, ancien cafetier; Tabouviech, professeur de latin; Jean-Louis Julian, fabricant d'eau-de-vie.

La section 9 est la 4me dans l'ordre des décès.

Elle est comprise dans la partie basse de la ville que l'épidémie a le plus visitée, et les soins qu'elle a réclamé ont tous été rendus par MM. les commissaires, avec une persévérance que les difficultés n'ont pu affaiblir.

Le nombre des familles secourues s'est porté à **92**, et celui des individus à **326**.

La section a reçu de la commission municipale **641** fr., pour secours divers, et **1,275** kilog. de pain, ce qui donne **7** fr., et **13** kilog. **3/4** de pain par famille.

La commission évalue à **15**, le nombre des familles que la bienfesance publique doit encore soutenir pendant quelque temps.

10e *Section*. MM. Auguste Pellet, entreposeur des tabacs, président; Martin Delgas, propriétaire; Bardin, avoué; Serre-Teulon, fabricant; Randon de Grolier, directeur des contributions indirectes; Maxime de Ricard, propriétaire foncier; Guin, fabricant de bas; Bricogne, receveur-général.

La section **10** est la 3me dans l'ordre des décès.

Cette section résista pendant quelque temps à l'influence de l'épidémie qui s'étendait sur la ville, et pendant plusieurs jours le bon état sanitaire de ses habitants dispensait de tout soin les commissaires du quartier.

Mais leur tâche ne fut que retardée, et vers le **12** août, au moment où les malheureux hôtes de l'Hospice d'Humanité étaient décimés par le choléra, la section **10**, qui renferme cet établissement, paya son tribut à la douleur commune.

Les travaux de la commission devinrent alors considérables; elle visita et secourut **430** familles composées de **1,500** individus.

Elle reçut de la commission municipale 749 fr., pour secours divers, et 2,950 kilog. de pain, ce qui donne 1 fr. 70 c., et 6 kilog. 3/4 de pain par famille.

Trois familles lui paraissent avoir encore de justes droits aux secours publics.

11e *Section*. MM. Cazelles, percepteur, président; Plantier-Affourtit, négociant; Poise, notaire; Louis Roger, bijoutier; Bérard-Sauvajol, agent de change; Alphonse Bérard, agent de change; Viala, orfèvre; Numa Amalry, marchand drapier; Maurin-Berger, ex-receveur de la loterie; Bosc-Devèze, marchand de nouveautés; Bergeret-Boudet, marchand drapier; Bérard, notaire; Ferrière-Bastid, marchand de chapeaux; Danton, orfèvre; Pierre Picard, marchand drapier; Rouchouse, aîné, marchand forésien; Granier-Rossel, fabricant; Jalaguier-Meynier, négociant; Louis Massip, marchand mercier; Espion-Larnac, marchand mercier; Picheral, neveu, marchand drapier; Viala-Carrieux, marchand drapier.

La 11e section est la dernière dans l'ordre des décès. Elle n'en compte aucun. L'état sanitaire n'a pas cessé, pendant toute la durée de l'épidémie, d'y présenter les conditions les plus satisfesantes.

Néanmoins des secours y ont été distribués; là, comme ailleurs, la commission a pensé qu'une bonne alimentation procurée à toutes les familles indigentes, était un des meilleurs moyens préventifs à opposer à l'influence épidémique.

Vingt-quatre familles composées de 86 personnes ont été secourues.

La section a reçu de la commission municipale 398 fr. et

900 kilog. de pain, ce qui donne 16 fr. 50 c., et 37 kilog. de pain par famille.

12e *Section.* Jean Reboul, boulanger, président ; Jacques Bouet, fabricant d'étoffes ; Louis Quet, marchand de fer ; Jourdan, boucher ; Henri Roman, fabricant ; Franc-Paulhan, propriétaire ; Jean Guelle, maréchal ; Charles Müller, brasseur ; Rossières, commissionnaire-chargeur ; Chavanier, chaufournier ; Persil, tonnelier ; Laurent Boucarut, marchand de vin ; Reynal, chef d'atelier, taffetassier ; Jean Boissier, chef d'atelier, taffetassier; Daniel Boissier, chef d'atelier, taffetassier ; Vedel, marchand de farines ; Bonnetou, ex-marchand de vin ; Colin, directeur de l'école de dessin.

La section 12 est la 7me dans l'ordre des décès.

La population de la section 12, considérable et presque exclusivement ouvrière, a constamment réclamé, de la commission du quartier, des secours nombreux et un laborieux dévoûment.

Dans cette section, où la misère a fait plus de mal que l'épidémie, 303 familles, composées de 1,208 individus, ont été constamment visitées et secourues.

La section a reçu de la commission municipale 1,055 fr., pour secours divers, et 2,690 kilog. de pain, ce qui donne 3 fr. 50 c., et 9 kilog. de pain par famille.

Huit familles sont recommandées par la commission à la bienfesance de la ville.

En résumé, les 12 commissions ont secouru 2,094 familles et leur ont distribué 21,140 kilog. de pain, et une valeur de 8,199 fr. en secours divers.

§ III.

HOSPICES.

Dès le 25 juillet, l'administration des Hospices remit en vigueur les mesures qu'elle avait maintenues pendant la dernière partie de l'année 1832, et que les circonstances avaient heureusement alors rendues sans emploi.

Elle mit deux salles en état de recevoir immédiatement les cholériques, et, par l'évacuation rendue facile du quartier des femmes, elle prépara des ressources qui devaient nécessairement dépasser de beaucoup toutes les proportions connues de l'épidémie.

Le nombre ordinaire des infirmiers et des hommes de peine fut augmenté dans toutes les salles, de manière à donner en un instant, au service spécial des cholériques, tout le développement que les circonstances exigeraient.

Indépendamment d'un mobilier considérable, qui suffisait à toutes les salles occupées ou préparées, 50 lits neufs furent tenus prêts, soit pour répondre, dans la maison, à des cas imprévus, soit pour satisfaire aux besoins des bureaux de secours établis dans la ville par l'administration municipale.

Dans le même but, un nouveau service de transport à bras fut disposé; les moyens de sépulture furent augmentés; les approvisionnements de la pharmacie furent examinés et complétés; le régime de l'Hospice d'Humanité fut amélioré; la ration de viande et de vin des enfants et des infirmes fut augmentée.

Le service médical des hospices est confié, dans l'état ordinaire, à quatre médecins ou chirurgiens en chef, MM. Martin,

Jarras, Pleindoux aîné et Fontaines, et à six chirurgiens ou élèves internes. C'était à cette époque MM. Daniel Rey, chirurgien interne, Bedaumine, N. Ebrard, Ad. Aubanel et Rame, élèves internes, qui occupaient ces dernières fonctions.

L'administration craignit, avec raison, que les circonstances ne réclamassent un plus nombreux service. Elle pensa que MM. les médecins et chirurgiens en chef, occupés par leur clientelle de la ville, à laquelle l'épidémie ne manquerait pas d'apporter un grand accroissement, pourraient exiger, avec justice, que l'exécution de leurs prescriptions fût surveillée en leur absence par un service plus considérable, et par conséquent plus assidu, d'élèves internes.

L'obligeance de M. le Doyen de la faculté de médecine de Montpellier, vint aussitôt faciliter cette organisation, et, sur la demande des administrateurs, MM. Bastide, Modlenski, Benoit, Radzinski, Buchet, Rozaveyso et Voulard, docteurs ou élèves en médecine, se rendirent à Nismes et furent installés dans le service de nos hospices, qu'ils n'ont quitté que le 30 août, après avoir rendu à l'administration et aux malades, de vrais et utiles services.

Ce fut avec cette organisation, dont nous abrégeons les détails, que l'administration combattit la violente épidémie qui envahit l'Hospice d'Humanité, et qui, du 1er au 19 août, fit 31 victimes sur une population de 300 individus; le service médical du hameau de St-Césaire fut également assuré par les hospices qui auraient pu, si les circonstances l'avaient demandé, se charger de l'administration des secours dans la 12e section.

Leur organisation était préparée pour y suffire.

Quoique les dames de St-Joseph et de Nevers, qui soignent nos hospices, trouvent à une source élevée et ne demandent pas à nos éloges la digne récompense de leurs travaux, qu'elles nous permettent cependant de signaler à la reconnaissance de nos concitoyens, leurs soins et leur zèle pour nos malades.

§ IV.

BUREAU DE BIENFESANCE.

Dès la fin de juillet, le Bureau de Bienfesance se réunit et prit ses mesures.

Les dames religieuses de St-Vincent-de-Paul, qui accomplissent toute l'année l'œuvre de charité de cette institution, cherchèrent, par une augmentation dans leur personnel, à se mettre au niveau des soins laborieux que l'épidémie leur réservait : une sœur et trois jeunes personnes se joignirent à elles.

L'administration de l'œuvre compléta ses approvisionnements, élargit les bases de ses distributions, et, par le concours de plusieurs médecins, put organiser un service médical permanent.

Indépendamment de MM. Batailler père, et Etienne Pleindoux, médecins ordinaires de l'œuvre; MM. Batailler fils, Raizon, Reveilhe, Pleindoux père, Recolin, Héraud, Mutru, de Froment et Ruat, partagèrent le service.

Leur permanence n'a cessé que lorsque toute nécessité avait disparu.

Depuis les premiers jours d'août jusqu'après la fin de septembre, les dames religieuses de l'œuvre et MM. les médecins, ont donné des soins à plus de 1,200 malades.

MM. les médecins ont signé 1,530 ordonnances.

Nous ne dirions jamais assez combien la part que MM. les médecins ont prise à la tâche commune nous a paru honorable et réellement utile, et combien elle est digne de tous nos éloges.

§ V.

CONSISTOIRE.

Aussitôt que l'invasion du choléra dans les lieux voisins put justifier, à Nismes, les réunions extraordinaires des corps charitables, le président du Consistoire provoqua et présida plusieurs séances, dans lesquelles furent arrêtées toutes les mesures nécessaires en cas d'invasion.

Le Consistoire créa une commission composée de son président et de MM. Tachard, Rossel, Levat, Bianquis et Colondre aîné, à laquelle il confia le soin d'organiser et de surveiller les différentes branches du service des malades et des distributions de secours.

Ce fut sur la proposition de la commission, que trois médecins, MM. Salva, Clausel et Buisson, furent réunis à MM. de Castelnau, Gril et Etienne Pleindoux, médecins ordinaires du Consistoire, pour composer, tous ensemble, un dispensaire permanent de secours médicaux. Cette mission, toute de dévoûment, fut acceptée par MM. les médecins avec un empressement qui fut bien justifié par leur conduite postérieure.

La commission proposa, pour répondre à tous les besoins que l'intensité de la maladie pourrait amener, d'établir un bureau de secours, dans lequel se trouveraient, nuit et jour, un pasteur, un médecin, un ancien et un diacre, qui seraient relevés toutes les trois heures. Là aussi seraient réunis les secours matériels les plus utiles, ainsi que trois infirmiers et trois infirmières pour veiller et soigner les malades; en même temps la commission rendit compte des précautions qu'elle avait prises pour assurer la distribution des médicaments, des bouillons, et le service des convois funèbres et des sépultures; elle donna les noms d'un grand nombre de citoyens qui s'offraient pour faire alternativement partie d'autres bureaux de secours que le Consistoire jugerait utile d'organiser.

Pour le moment, et en attendant que de plus grandes souffrances exigeassent de plus nombreux moyens, le soin et la surveillance médicale des douze sections de la ville furent confiés à MM. les diacres et à MM. les médecins dans l'ordre suivant :

Section 1re, MM. Bruguière et Polge, diacres; MM. Buisson et Gril, médecins.

Sections 2, 3, 4 et 5, MM. Colondre aîné, Reboul, Antoine Dufès, Antoine Maruéjols, diacres; MM. de Castelnau et Clausel, médecins.

Section 6e, M. Lacroix aîné, diacre; MM. Gril et Buisson, médecins.

Sections 7, 8 et 9, MM. Antoine Dufès, Troupel, Antoine Maruéjols, diacres; MM. de Castelnau et Clausel, médecins.

Section 10e, MM. Gaillet, Combié, Ravel, diacres; MM. Etienne Pleindoux et Salva, médecins.

Section 11e, M. Gilly-Cruvellier, diacre; MM. Gril et Buisson, médecins.

Section 12e, MM. Gory, Franc-Paulhan, Bouet, diacres; MM. Pleindoux et Salva, médecins.

M. Colomb fut chargé de la distribution des vêtements pour les douze sections.

Cette organisation, mise en activité, marcha avec tant d'ensemble, chacun en prit sa part d'une manière si complète, elle fut d'un autre côté si bien soutenue par les commissions de quartier, qu'elle suffit à toutes les nécessités du moment, et les progrès du mal ne furent jamais assez disproportionnés avec le zèle et les ressources de MM. les diacres et médecins de quartier, pour qu'il fût jugé nécessaire d'établir le service permanent des bureaux de secours.

Nous dirons, en terminant ce court exposé des travaux du Consistoire, que MM. les membres de ce corps nous ont souvent fait part de la vive satisfaction qu'ils avaient éprouvée, en observant, comme nous, l'attitude calme de la population nîmoise; ils n'ont rencontré aucun malade livré à ce déplorable abandon signalé dans d'autres contrées. Ici au contraire, dans le plus grand nombre des cas, les malheureux atteints de la maladie régnante étaient toujours entourés d'un nombre de personnes compatissantes, que, dans l'intérêt du malade, il fallait souvent, à grand'peine, éloigner ou réduire.

Notre population, en général, a montré plus de compassion que de terreur; elle a fait entendre plus de paroles religieuses que de murmures; et, en nous privant ici de la satisfaction de signaler les actes de dévoûment et de générosité qui l'ont honorée, nous ne pouvons cependant taire les dispositions au rapprochement qui se sont si heureusement, si sensiblement manifestées parmi les membres des deux communions chrétiennes; dispositions bienfesantes qui feront époque dans nos annales nîmoises, et qui prouvent que le malheur a pour effet, comme pour but, de réunir les hommes, et de les rallier à la loi éternelle et divine de la charité.

§ VI.

ÉTAT PHYSIQUE DE LA VILLE DE NISMES.

Quoique les limites d'un simple rapport ne nous permettent pas d'introduire ici un travail complet sur la salubrité publique de la ville de Nismes, nous ne croyons cependant pas nous jeter tout-à-fait en dehors de notre tâche, en indiquant par quelques rapprochements succincts, la prodigieuse distance qui sépare l'état ancien de la ville de son état nouveau, dans leurs rapports avec les causes matérielles d'insalubrité.

Depuis que la présence du choléra-morbus, dans le pays que nous habitons, est venue ajouter aux soins ordinaires de l'administration la surveillance plus particulière et plus pressante de la santé publique, il n'est pas sans intérêt pour elle de connaître à fond les diverses conditions physiques dans lesquelles la ville a été placée à plusieurs époques; de même, pour juger avec sûreté de l'utilité des opérations d'assainissement qu'elle poursuit, il lui importe d'être initiée aux travaux bien plus vastes, et aux améliorations bien plus décisives dont ses prédécesseurs ont enrichi le pays.

Ces utiles opérations par lesquelles ces administrations persévérantes ont changé l'aspect et la constitution physique de la ville de Nismes, ne sont pas fort anciennes ; nos quartiers neufs, nos boulevards et nos promenades, portent tous une date très récente. Il n'y a pas encore un demi-siècle que la vieille cité romaine, décrépite et fort déchue, se plaignait vainement de ses murs en ruine, de ses fossés infects et des épidémies qui, périodiquement, ravagaient des quartiers sans soleil et sans issues.

Ce serait bien autre chose si nous fouillions plus avant dans les archives municipales; alors, en mettant à part l'époque saillante de nos guerres religieuses, ce ne serait plus que les fréquentes invasions de la peste et de la lèpre, que l'effroi dont elles frappaient le pays, que la faiblesse et bien plus souvent le dévoûment de ses magistrats, qui pourraient interrompre, par quelques traits historiques, l'obscurité mesquine de notre existence moderne.

Les premiers ravages de la peste, à Nismes, datent du 14e siècle; mais, vers la fin du 15e, elle prit un tel caractère d'intensité, qu'elle jeta la population dans une perturbation générale.

En 1493, la mortalité sévissait avec tant de furie, qu'on ne trouvait plus personne pour enterrer les pestiférés; les principaux habitants désertaient en foule, et se retiraient dans des lieux exempts du fléau.

Le juge-mage de la sénéchaussée fut de ce nombre, et alla se réfugier à Marguerittes, près Nismes. Les consuls instruits de son intention protestèrent, et deux d'entre eux se présentèrent devant lui, pour lui faire les réquisitions que demandaient les intérêts de la justice; plus tard même ils lui firent signifier des lettres qu'ils avaient obtenues à ce sujet du parlement de Toulouse; mais il paraît que l'intervention des magistrats, dans cette affaire, fut impuissante; le juge-mage ne quitta point Marguerittes, et six mois après, les consuls eux-mêmes furent l'y joindre, non plus pour le sommer de reprendre son siége, mais pour échapper comme lui aux atteintes d'un mal qui n'épargnait plus personne.

Ce n'était là rien encore, et la pauvre population nîmoise était réservée à de bien plus cruelles douleurs; elle fut frappée dix-sept fois de la peste dans le courant du 16e siècle, et deux fois dans la première moitié du siècle suivant. Chaque invasion fut même si violente, si longue et si tenace, qu'il serait plus exact de dire que, pendant toute cette longue période, la peste n'abandonna jamais entièrement le pays.

A chaque invasion les riches partaient; les religieux fermaient quelquefois leurs portes, mais plus souvent se dévouaient. Les officiers royaux de la sénéchaussée se retiraient, les consuls protestaient et les pauvres habitants, échappés à la peste, vivaient et souffraient, en attendant la famine ou l'épidémie prochaine. Nous ne pouvons ni ne devons, du reste, faire ici l'histoire des mœurs du temps; sans cela nous aimerions à raconter quelques traits de dévoûment sublime, qui honorèrent parfois une époque d'ignorance et d'égoïsme.

Le plus souvent on accordait à la peste ce que nous appelons *la part du feu* : il faut avouer même que de toutes les précautions administratives, c'était là la plus usitée. En 1533, la maladie régnait dans un faubourg de Nismes, appelé des *Jacobins* : les portes de la ville furent fermées et les malades abandonnés. Heureusement pour eux le frère Jean Maffre, de l'ordre des Carmes, vint offrir au conseil de la ville d'aller servir les pestiférés, à condition qu'on lui payerait sa dépense et de plus cent sous par jour; ce qui fut accepté.

En 1649, elle sévissait principalement dans l'intérieur des Arènes; aussitôt le bureau de santé fit interdire à la ville toute communication avec les habitants de ce quartier; on leur donna trois jours pour faire laver leur linge, se pourvoir de farine et aviser à leurs autres besoins. Après quoi on fit murer la porte du côté du Palais de Justice, et l'on plaça trois gardes à l'autre, pour que personne ne sortit.

Les alarmes devinrent très vives à Nismes en **1720**, époque de la peste de Marseille; l'épidémie parcourut les bords du Rhône, empêcha la foire de Beaucaire et s'étendit jusqu'à Alais; mais, par un inexplicable bonheur, la ville de Nismes fut épargnée; et pour la première fois, depuis longtemps, les précautions prises par ses magistrats se trouvèrent superflues.

A cette même époque la lèpre, qui avait régné pendant plus de trois siècles, paraissait complétement éteinte; il n'existait plus de léproserie, la dernière ayant été réunie depuis longtemps au monastère des Ursulines.

Le temps des grandes calamités était donc passé pour Nismes; en effet, à partir de **1722**, les maladies et la mortalité diminuèrent sensiblement, et la ville prit un accroissement rapide (1). Cet heureux changement ne fit cependant pas taire ses doléances. Bien au contraire elles prirent, dans la dernière moitié du 18e siècle, un caractère de vivacité, qui ne s'explique que par les nouveaux besoins qu'une civilisation plus avancée révélait à ses habitants.

En général, ils attribuaient les épidémies qui venaient

---

(1) Le recensement fait en 1720, porte la population
de Nismes à . . . . 18,141 âmes.
Le recensement de 1734 à 20,225
Le recensement de 1800 à 39,650
Le recensement de 1834 à . . . . 41,499 sans y comprendre la banlieue, la garnison, la Maison-Centrale et la population flottante.

encore de temps à autre grossir le chiffre de la mortalité, à l'existence des murs élevés et des fossés profonds qui ceignaient la ville.

Ils ne se trompaient pas, et l'expérience a pris soin de démontrer la parfaite raison de leurs plaintes; car on peut bien dire aujourd'hui que les prodigieuses améliorations dont la génération actuelle profite, ne sont dues qu'à la démolition des remparts de la ville de Nismes, ou aux conséquences de cette décisive opération.

La construction des murs de Nismes fut autorisée en 1194, et tels étaient alors les besoins du temps, que les habitants de la vicomté de Nismes placèrent la permission de s'entourer de murailles à leur frais, au nombre des faveurs dont les comblait Raymond V, comte de Toulouse. Ces nouvelles murailles remplacèrent celles que les Romains avaient fait construire, mais qui ne pouvaient plus, soit à cause de leur vétusté, soit à cause de leur éloignement de la véritable enceinte de la ville, la défendre contre les troubles et les invasions armées qui désolaient alors le pays.

Les remparts modernes partaient du quartier des Calquières, touchaient aux murs romains près des casernes, régnaient le long du cours, arrivaient, par les portes de la Bouquerie et de la Madelaine, à l'ancien Champ-de-Mars, aujourd'hui quartier St-Antoine, et, après avoir suivi la ligne circulaire des Arènes, fesant alors fonction de citadelle, venaient finir à la porte de St-Gilles.

Longtemps après, en 1688, de notables changements furent apportés à l'enceinte murée de la ville : on voulut la réunir à la citadelle que le roi Louis XIV venait de faire élever, en un an de temps, sur l'un des coteaux qui dominent au nord la ville de Nismes. Pour cela on abattit la partie de murailles qui séparait les portes de la Bouquerie et des Prêcheurs; on en construisit de nouvelles dont nous voyons encore aujourd'hui des traces dans les rues de Bourgogne, du Rempart et de la Faïence, et l'on joignit ainsi à l'enceinte fortifiée de la ville, la citadelle de Louis XIV et le faubourg des Prêcheurs.

Alors aussi, sur l'idée qu'en donna l'architecte Dardaillon, l'on fit, des déblais *du terre-plein* de la vieille enceinte, un cours, sur lequel furent plantées trois allées d'ormeaux.

Cent ans plus tard, aucun changement notable n'était survenu dans l'état des remparts; seulement l'entretien qu'ils exigeaient, et qui s'élevait à la somme moyenne de 3,950 fr. par an, lassait tous les jours davantage la résignation publique. Les délibérations du conseil de 1776 à 1781, et les mémoires signés par les citoyens et déposés aux archives de la Mairie, peuvent nous donner une juste idée de la chaleur qu'ils apportaient dans cette question vitale; quelques détails de plus, sur l'état des lieux, nous feront aisément juger de la légitimité de leurs griefs.

Le fossé large et profond qui entourait les remparts, ne compromettait pas, en hiver, la santé publique; les eaux de la source, qui le remplissaient, étaient, dans cette saison, abondantes et pures; mais en été, leur insuffisance pour les besoins domestiques était telle, que les fossés restaient à sec, et qu'on n'y voyait plus alors qu'une vase infecte, humectée par les égoûts de la ville. Des milliers d'insectes les couvraient, et les exhalaisons qui s'y développaient propageaient dans la ville les fièvres les plus dangereuses.

L'élévation de ces inutiles remparts privait d'air et

d'issues un grand nombre de rues : c'était autant d'*impasses*. Leur enceinte resserrée empêchait la tenue des marchés dans l'intérieur de la ville ; elle gênait ses communications et les rendait même impossibles, pendant la nuit, avec les nouveaux quartiers vastes et salubres bâtis en dehors, et contenant déjà les trois cinquièmes de la population.

L'obstacle qu'ils apportaient à toute amélioration, était fécond en conséquences fâcheuses; mais leur présence n'était pas la seule cause de la saleté des rues et de l'insalubrité de la ville.

Le pavage était entièrement négligé. Aussi tard qu'en 1797, la ville n'accordait à son entretien que la somme fort insuffisante de 3,700 fr. par an.

Ces rues mal pavées étaient encore plus mal balayées. Ce fut le bail à ferme de 1788, qui adjoignit, pour la première fois, douze tombereaux aux ânes employés jusqu'alors à l'enlèvement des boues.

Ce renouvellement de bail fut alors considéré comme une grande amélioration accordée aux réclamations des habitants, contre la saleté du pavé et la mauvaise conduite des balayeurs. Nous voyons M. de Merez, premier Consul et Maire de Nismes en 1780, s'en rendre l'interprète, et, dans une allocution adressée au conseil de la commune, se plaindre vivement de la négligence et de l'indécence des *âniers*, dont la malice et le libertinage étaient notoires, disait-il; qui ne balayaient pas les rues et maltraitaient les passans. Il proposait d'établir douze tombereaux et soixante ânes, ce qui fut accordé, mais exécuté plus tard.

Au mauvais entretien du pavage et du balayage, il faut joindre celui de l'éclairage; en 1779, il n'existait pas d'éclairage public à Nismes : seulement à cette époque, les habitants de plusieurs quartiers, excités par le soin de leur sûreté personnelle, entretenaient des lanternes éclairées au devant de leurs portes. On en compta d'abord 50; dix ans plus tard on en compta 87 : mais bientôt après les habitants se lassèrent, et l'on voit que cette première amélioration fut tout-à-fait abandonnée. Le conseil de la commune intervint alors. Il s'adressa au zèle des habitants, et leur promit d'entretenir, pendant 110 nuits d'hiver, 100 réverbères, s'ils voulaient consentir à les établir à leurs frais. Cette générosité municipale réussit fort bien; les habitants firent la dépense des réverbères, et la ville passa, en 1787, un bail pour leur entretien, à raison de 6,000 fr. par an.

Ces premiers pas, faits vers un ordre meilleur, ne remédiaient cependant pas à grand'chose, et la situation générale de la ville laissait encore à ses habitants des causes majeures de malaise; voici les principales :

Les cimetières ne suffisaient plus à l'accroissement de la population, et de nombreuses confréries avaient conservé l'usage dangereux d'ensevelir les morts dans l'intérieur des églises ;

Deux délibérations du conseil de 1781 demandaient vainement la démolition des arceaux de Dugras et de Saint-Etienne et l'élargissement de plusieurs rues;

Les dépôts de plus de 300 milliers pesant de chrysalides et le lavage des matières propres à faire la filoselle infectaient l'air ;

La plupart des maisons écrasées, mal aérées, ignobles, rappelaient encore la barbarie qui suivit la décadence des Romains;

La police n'empêchait pas les habitants des faubourgs d'entasser du fumier devant leurs portes ; les rues du quartier des Bourgades en étaient obstruées ;

Un usage hideux contribuait encore à la saleté du pavé ; c'était celui d'égorger les cochons , les moutons et les bœufs dans les rues. L'abattoir public avait été concédé à un établissement de moulins à vapeur, et il n'en existait pas encore de nouveau ;

Les eaux fétides qui s'échappaient des moulins à huile se répandaient dans des rues sans écoulement, et y croupissaient ;

Un seul bassin, alimenté par huit pouces d'eau, était encore le seul lavoir destiné aux besoins domestiques de 10,000 familles ;

Le lavage était autorisé jusque dans le bassin de la source , et des infiltrations savonneuses remplissaient les puits voisins ;

La ville n'avait point de fontaines publiques; les puits étaient insuffisants dans certains quartiers , et le voisinage des fossés les rendait impurs dans les autres ;

Les eaux destinées aux ateliers de teinture traversaient la ville dans un canal long de 280 toises , et obstrué par un moulin à son extrémité. C'était un cloaque infect , aussi malsain pour les quartiers qu'il traversait , qu'insuffisant pour le commerce.

Nous terminerons ici le pitoyable tableau de l'état physique de la ville de Nismes , il y a 50 ans. Il a subi aujourd'hui une telle métamorphose , il doit être tellement méconnaissable aux yeux de la génération actuelle , qu'indépendamment de l'utilité administrative que nous avons voulu y chercher , on attribuera peut être quelque curiosité historique à l'esquisse toute imparfaite que nous en donnons.

Pour apprécier avec exactitude l'œuvre persévérante qui a ainsi amélioré les conditions physiques du pays, il faut en faire remonter l'origine à la démolition de nos anciens remparts. Cette opération fut autorisée par un arrêt du roi du 5 septembre 1786, et exécutée en grande partie l'année suivante par des ateliers de régie. Les murs furent abattus ou réunis aux propriétés voisines, les fossés furent voûtés, et devinrent ainsi les grands aqueducs couverts qui ceignent la ville, et reçoivent encore aujourd'hui les eaux de fuite de la Fontaine.

Les principales causes d'insalubrité furent ainsi détruites; et lorsque plus tard, de 1787 à 1808, les alignements donnés par le plan de l'architecte Raymond, les plantations d'arbres et les constructions de trottoirs eurent régularisé et embelli nos boulevards, aucun étranger ne voulut croire que d'aussi élégants quartiers eussent, en aussi peu de temps, pris la place du cloaque puant qui étreignait et infectait naguère la ville de Nismes.

Ce fut là l'époque de nombreuses améliorations. En 1812, on enleva le *terre-plein* des anciens remparts, qui formait, depuis les Casernes jusqu'à la place de la Bouquerie, une promenade élevée de deux mètres environ au-dessus du pavé de la ville; le terrain fut abaissé jusqu'au niveau général des boulevards, et les quartiers obscurs et humides de *la Ferrage* et du *Bât-d'Argent*, éprouvèrent un changement incomplet, sans doute, mais qui parut satisfesant à ceux qui avaient connu l'ancien état des lieux.

De 1800 à 1805, l'ancien abattoir, transformé pendant quelque temps en minoterie, avait été rendu à sa première destination; plus tard il en fut établi un second pour les porcs. L'usage des tueries à domicile fut ainsi entièrement supprimé, et la qualité du bétail abattu put être surveillé, dans l'intérêt de la santé publique.

La démolition de l'arc Saint-Etienne, en 1815, et l'élargissement aujourd'hui inaperçu de plusieurs quartiers intérieurs de la ville, vinrent jeter un peu plus d'air et de jour dans des rues qui, il faut bien le dire, en manquent encore.

Dans le mois de mars 1826, M. de Chastellier, maire de Nismes, eut le bonheur d'inaugurer, sur la place de Saint-Charles, la première de ces fontaines jaillissantes qui distribuent aujourd'hui, dans la plupart des quartiers de la ville, les eaux salubres de la source.

L'adjudication des travaux nécessaires avait été passée en 1824, par M. le maire Cavalier, au prix de 122 mille fr. pour onze fontaines. Ce nombre fut immédiatement augmenté, et porté, dans les trois années qui suivirent l'adjudication, à trente-cinq; la dépense s'éleva alors à 212 mille fr. Aujourd'hui la ville en possède quarante-six, dépensant environ 685 litres d'eau par minute : si l'on compare ce dernier chiffre, valant à peu près 64 pouces fontainiers, à celui de la fourniture totale de la source, que nous avons vu s'abaisser dans des temps de grande sécheresse jusqu'au minimum de 75 pouces, l'on approuvera certainement la prudente économie qu'apporte le conseil municipal dans la création des nouvelles fontaines, quoiqu'elles soient le plus souvent réclamées par de très légitimes besoins.

Le pavage des rues est bien loin aujourd'hui du temps où la ville n'y consacrait que 3,700 fr. par an; car, indépendamment d'une somme annuelle de 16,000 fr., son entretien obtient souvent des allocations extraordinaires. En ce moment par exemple, les intérêts plus pressants que jamais de la salubrité publique, ont décidé le conseil municipal à autoriser une dépense de **26,000** fr. pour le nivellement et le pavage de nos faubourgs.

Depuis longtemps le nettoiement de nos rues n'est plus confié à ces malicieux *âniers*, qui paralysaient, en **1780**, le zèle de nos administrateurs. Quarante tombereaux et des ateliers de balayage, qui ont exécuté **6,000** journées de travail pendant le choléra, parcourent la ville sans relâche; l'éclairage des rues, qui appartient presque autant aux conditions de propreté que de sûreté, coûte aujourd'hui à la ville **48** mille fr. par an, et se compose de **1,522** becs, donnant chacun **1,714** heures d'éclairage.

Mais, parmi les mesures récemment adoptées dans l'intérêt de la salubrité publique, nous devons placer en première ligne la décision prise par le conseil municipal de continuer le système général d'assainissement commencé en **1787**, à peu près abandonné depuis lors, et qui consiste à conduire dans des aqueducs souterrains, jusqu'aux dernières limites de la ville, toutes les eaux de fuite de la Fontaine, en les prenant au point où leur salubrité s'altère par le mélange des égoûts où des résidus de teinture.

En **1835**, une partie importante de cette opération a été exécutée depuis la rue des Prêcheurs jusqu'à la place du Château; elle doit être reprise en **1836**, depuis les Calquières jusqu'au pont de Blavet; et si plus tard le conseil municipal, admettant que la dépense considérable du projet n'est pas disproportionnée avec son évidente nécessité, décidait le percement de la nouvelle rue du Château jusqu'à l'impasse

Saint-Baudile et la continuation des aqueducs couverts jusqu'au lavoir circulaire, il détruirait ainsi le dernier foyer d'insalubrité, qui nous retrace encore, en souvenirs fâcheux, l'image de la vieille cité pestiférée, et réaliserait la seule opération de grande et sérieuse utilité, que les soins laborieux de nos anciens magistrats aient voulu léguer à la sollicitude de l'administration actuelle.

PIÈCES ANNEXÉES.

TABLEAU COMPARATIF DES DÉCÈS.

MOIS D'AOUT.	1825.				1826.				1827.				1828.				1829.				1830.			
	Hommes.	Femmes.	Enfants.	TOTAUX.	Hommes.	Femmes.	Enfants.	TOTAUX.	Hommes.	Femmes.	Enfants.	TOTAUX.	Hommes.	Femmes.	Enfants.	TOTAUX.	Hommes.	Femmes.	Enfants.	TOTAUX.	Hommes.	Femmes.	Enfants.	TOTAUX.
1	1	1	5	7	0	0	5	5	2	0	2	4	1	3	2	6	1	0	2	3	0	0	3	3
2	1	1	4	6	1	1	3	5	1	1	4	6	1	0	3	4	4	2	4	10	0	0	8	8
3	2	1	3	6	2	2	6	10	1	0	4	5	1	0	1	2	2	0	11	13	1	1	6	8
4	0	0	4	4	4	1	5	10	1	0	7	8	1	0	3	4	2	0	6	8	1	2	6	9
5	2	0	1	3	0	1	3	4	0	0	5	5	1	0	5	6	1	1	6	8	0	4	7	11
6	0	1	5	6	0	1	6	7	1	2	6	8	0	0	4	4	1	0	7	8	1	3	5	8
7	0	1	0	1	2	0	5	7	1	1	3	5	0	2	8	10	0	4	4	8	0	2	4	6
8	0	2	3	5	1	0	2	3	1	1	4	6	1	1	3	5	2	2	3	7	1	0	3	4
9	1	1	5	7	0	1	5	6	1	0	4	5	1	0	4	5	0	0	5	5	0	2	3	5
10	1	1	4	6	0	1	3	4	1	2	0	3	1	0	3	4	2	0	5	7	1	1	5	7
11	0	3	5	8	2	1	4	7	2	1	5	8	0	0	3	3	0	0	4	4	0	1	3	4
12	0	0	2	2	2	0	4	6	1	1	3	5	0	1	4	5	1	2	4	7	1	3	4	7
13	0	1	3	4	0	3	3	6	2	1	7	10	0	2	2	4	1	0	3	4	2	2	4	8
14	2	0	4	6	1	1	4	6	5	0	5	10	0	2	2	4	0	1	7	8	2	2	7	11
15	2	0	2	4	1	0	1	2	1	1	4	6	0	0	1	1	0	1	4	5	1	1	6	8
16	1	0	4	5	1	1	3	5	0	1	1	2	1	0	4	5	0	1	3	4	1	0	2	3
17	1	0	4	5	2	0	4	6	2	2	5	9	0	1	2	3	1	0	6	7	4	1	5	10
18	1	1	4	6	1	1	3	5	0	0	3	3	1	1	6	8	0	2	5	7	2	1	2	5
19	2	1	1	4	4	1	3	8	0	4	2	6	1	2	2	5	3	2	8	13	0	1	4	5
20	0	4	2	6	1	1	5	7	2	0	2	4	1	1	3	5	0	2	1	4	2	2	5	6
21	1	1	2	4	1	1	3	5	2	1	5	8	0	0	4	4	0	3	2	5	1	1	5	7
22	1	0	2	3	2	0	2	4	0	0	1	1	2	2	3	7	0	0	4	4	0	3	0	3
23	2	2	3	7	0	2	5	7	2	1	3	6	1	0	0	1	0	0	3	3	1	1	4	6
24	0	1	5	6	2	0	4	6	1	0	1	2	1	0	1	2	0	2	3	5	4	4	3	11
25	0	2	1	3	3	1	2	6	0	1	1	2	0	1	1	2	0	0	3	3	2	1	3	6
26	2	0	3	5	0	1	3	4	3	1	1	5	1	3	4	7	1	0	3	4	3	5	5	13
27	2	1	3	6	0	0	4	4	0	0	5	5	0	0	3	3	0	0	0	0	0	0	4	4
28	0	0	1	1	0	1	3	4	1	0	4	5	7	0	4	11	1	2	3	6	1	0	1	2
29	1	1	1	3	4	0	2	6	0	0	3	3	1	1	4	6	0	0	5	5	0	1	2	3
30	1	1	3	5	0	2	5	7	1	1	4	6	0	2	2	4	0	0	2	2	1	8	8	9
31	0	2	1	3	1	0	3	4	0	1	2	3	1	1	2	4	4	0	4	8	10	3	2	15
TOTAUX.	27	30	90	147	38	25	113	176	35	24	106	165	26	26	93	145	28	27	130	185	43	48	128	219

MOIS D'AOUT.	1831.				1832.				1833.				1834.				MOYENNE DES 10 ANNÉES.				1835. DÉCÈS EN GÉNÉRAL.				1835. DÉCÈS CHOLÉRIQUES.			
	Hommes.	Femmes.	Enfants.	TOTAUX.	Hommes.	Femmes.	Enfants.	TOTAUX.	Hommes.	Femmes.	Enfants.	TOTAUX.	Hommes.	Femmes.	Enfants.	TOTAUX.	Hommes.	Femmes.	Enfants.	TOTAUX.	Hommes.	Femmes.	Enfants.	TOTAUX.	Hommes.	Femmes.	Enfants.	TOTAUX.
1	1	1	5	7	1	0	5	6	0	1	4	5	1	1	7	9	0,8	0,7	3,9	5,4	2	5	8	15	0	0	0	0
2	0	3	4	7	2	1	5	8	2	1	5	8	1	1	2	4	1,3	1,1	4,2	5,6	1	5	3	9	0	0	0	0
3	4	1	2	7	2	1	4	7	2	0	2	4	1	2	3	6	1,8	0,8	4,2	6,8	2	4	7	13	0	0	0	0
4	3	2	7	12	0	0	7	7	0	1	3	4	0	4	2	6	1,2	1,0	5,0	7,2	7	3	4	14	4	1	0	5
5	1	3	5	8	0	0	2	2	3	2	4	9	1	2	6	9	0,9	1,3	4,4	6,6	3	7	5	15	2	4	0	6
6	2	0	8	10	1	2	8	11	2	0	1	3	2	2	3	8	1,0	1,1	5,1	7,2	1	8	1	10	0	6	0	6
7	1	2	3	6	1	1	6	8	3	0	4	7	0	1	4	5	0,8	1,4	4,1	6,3	12	5	6	23	8	2	2	12
8	2	0	3	5	0	1	0	1	0	1	2	3	0	1	4	5	0,8	0,9	2,7	4,4	11	5	7	23	10	4	1	15
9	3	2	3	8	0	0	3	3	1	0	3	4	1	0	5	6	0,8	0,6	4,0	5,4	4	6	5	15	2	4	0	6
10	0	2	6	8	1	0	10	11	2	1	2	5	4	0	3	7	1,3	0,8	4,1	6,2	4	9	10	23	2	6	0	8
11	1	0	3	4	0	1	7	8	1	1	2	4	3	0	8	11	0,9	0,8	4,3	6,0	6	7	12	25	3	6	4	13
12	2	2	6	10	2	0	1	3	2	4	3	9	2	0	4	6	1,3	1,3	3,5	6,1	9	8	11	28	7	7	3	17
13	4	4	4	12	1	2	9	12	4	2	9	15	2	3	3	8	1,6	2,0	4,7	8,3	5	11	9	25	3	7	2	12
14	3	2	2	7	0	1	4	5	2	1	5	8	2	2	2	6	1,7	1,2	4,2	7,1	4	11	7	22	3	6	1	10
15	5	0	8	13	1	1	2	4	1	1	5	7	0	2	1	3	1,2	0,7	3,4	5,3	5	4	4	13	4	4	0	8
16	1	4	0	5	1	0	2	3	2	1	5	8	1	0	3	4	0,9	0,8	2,7	4,4	6	8	6	20	5	4	2	11
17	3	1	2	6	1	0	4	5	1	2	2	5	2	1	5	8	1,7	0,8	3,9	7,4	3	10	6	19	2	7	1	10
18	2	0	1	3	1	1	2	4	1	1	0	2	2	1	6	9	1,1	0,9	3,2	5,2	5	10	9	24	4	8	0	12
19	4	1	8	13	0	1	3	4	2	1	1	4	3	3	1	7	1,9	1,7	3,3	6,9	6	6	4	16	4	2	1	7
20	3	1	5	9	0	0	6	6	1	3	2	6	0	4	4	8	1,0	1,8	3,4	6,2	3	4	4	11	2	2	1	5
21	2	1	4	7	0	0	10	10	1	2	5	8	2	1	5	8	1,0	1,1	4,5	6,6	5	2	4	11	2	0	0	2
22	3	2	4	9	2	3	4	9	1	2	4	7	2	0	4	6	1,3	1,2	2,8	5,3	2	2	8	12	1	0	0	1
23	2	0	7	9	3	2	11	16	1	0	6	7	3	0	3	6	1,5	0,8	4,5	6,8	0	2	8	10	0	1	1	2
24	1	2	5	8	2	3	4	9	2	3	0	5	2	0	1	3	1,5	1,5	2,7	5,7	1	5	8	14	0	4	0	4
25	0	2	7	9	2	0	5	7	2	1	4	7	0	2	5	7	0,9	1,1	3,2	5,2	3	5	2	10	5	1	0	6
26	8	1	2	11	0	1	4	5	2	2	5	9	2	2	2	6	2,2	1,6	3,2	7,0	1	3	5	9	1	2	1	4
27	5	1	3	9	2	3	2	7	6	2	1	9	0	0	2	2	1,5	0,7	2,7	4,9	0	6	9	15	0	4	0	4
28	1	2	0	3	2	2	3	7	6	1	3	10	1	0	5	6	2,0	0,8	2,7	5,5	4	2	8	14	1	2	0	3
29	4	5	5	14	2	0	4	6	2	2	4	8	2	0	5	7	1,6	1,0	3,5	6,1	4	3	9	16	1	2	0	3
30	1	3	4	7	0	2	6	8	3	3	3	9	3	0	2	5	1,0	1,4	3,9	6,3	0	5	5	10	0	1	0	1
31	3	3	1	7	0	3	3	6	1	3	5	8	1	1	0	2	2,1	1,7	2,4	5,2	3	3	11	17	2	1	1	4
TOTAUX.	75	53	127	255	30	32	146	208	59	45	104	208	46	36	110	192	40,7	34,6	114,7	190,0	102	174	205	481	78	98	21	197

TABLEAU COMPARATIF DES DÉCÈS.

MOIS de SEPTEMBRE.	1825.				1826.				1827.				1828.				1829.				1830.			
	Hommes.	Femmes.	Enfants.	TOTAUX.	Hommes.	Femmes.	Enfants.	TOTAUX.	Hommes.	Femmes.	Enfants.	TOTAUX.	Hommes.	Femmes.	Enfants.	TOTAUX.	Hommes.	Femmes.	Enfants.	TOTAUX.	Hommes.	Femmes.	Enfants.	TOTAUX.
1	1	1	1	3	0	1	1	2	2	1	3	6	0	0	0	0	1	1	4	6	0	0	5	5
2	1	2	0	3	0	1	2	3	1	0	1	2	1	0	2	3	0	1	2	3	3	1	3	7
3	0	1	3	4	1	1	1	3	3	0	5	8	0	1	1	2	0	0	3	3	1	2	8	11
4	0	0	1	1	1	0	0	1	0	1	2	3	2	1	7	10	1	4	2	7	1	0	5	6
5	2	1	4	7	3	1	2	6	5	0	2	7	4	1	1	6	0	0	2	2	1	0	3	4
6	0	2	11	13	1	1	4	6	0	0	2	2	4	1	1	6	1	2	1	4	0	3	3	6
7	2	3	5	10	2	2	6	10	1	1	3	5	1	0	2	3	2	3	8	13	0	1	6	7
8	1	0	1	2	0	3	0	3	1	2	2	5	5	0	4	9	5	1	2	8	4	1	3	8
9	0	1	4	5	0	2	1	3	0	0	2	2	1	2	3	6	0	0	2	2	1	1	3	5
10	0	0	4	4	1	0	3	4	0	1	5	6	0	2	1	3	1	1	6	8	2	2	2	6
11	0	0	2	2	1	3	1	5	3	1	4	8	1	2	3	6	2	2	3	7	2	2	6	10
12	1	2	2	5	1	0	2	3	1	1	2	4	3	1	3	7	2	1	2	5	1	3	3	7
13	3	3	3	9	0	1	1	2	2	0	2	4	3	1	1	5	0	1	1	2	0	2	6	8
14	1	2	4	7	2	3	2	7	1	0	3	4	0	0	0	0	1	3	4	8	6	4	6	16
15	0	1	2	3	1	0	0	1	1	0	1	2	1	0	3	4	1	2	3	6	1	2	3	6
16	1	0	3	4	1	0	1	2	0	0	1	1	1	3	1	6	1	2	1	4	4	1	1	6
17	2	1	0	3	1	0	1	2	2	0	1	3	1	0	1	2	0	1	3	4	0	0	4	4
18	1	0	3	4	3	2	5	10	1	1	2	4	3	1	3	7	2	3	2	7	1	1	1	3
19	3	1	3	7	0	1	1	2	1	1	5	7	2	2	1	5	0	2	2	4	1	0	1	2
20	1	1	1	3	1	0	2	3	2	0	3	5	1	0	1	2	1	1	2	4	1	2	2	5
21	1	0	0	1	0	2	1	3	0	0	3	3	0	0	1	1	0	2	1	3	0	2	2	4
22	0	0	3	3	0	1	3	4	1	1	1	3	0	4	1	5	0	2	2	4	3	2	4	9
23	0	3	2	5	1	2	1	4	1	0	0	1	1	0	0	1	4	1	1	6	2	0	5	7
24	0	2	3	5	0	0	1	1	1	2	3	6	1	2	1	4	1	2	2	5	0	1	2	3
25	1	0	4	5	1	2	4	7	1	2	3	6	0	0	0	0	2	3	1	6	0	1	1	2
26	2	2	2	6	1	0	0	1	3	0	2	5	1	0	2	3	2	2	2	6	1	0	4	5
27	2	2	1	5	0	0	1	1	3	3	2	8	1	0	2	3	0	2	1	3	1	1	2	4
28	0	0	2	2	2	1	0	3	0	0	2	2	2	1	1	4	0	1	1	2	3	0	1	4
29	1	0	2	3	2	2	2	6	2	1	1	4	3	2	0	5	2	1	1	4	2	1	2	5
30	0	0	4	4	1	1	2	4	1	1	3	5	3	0	0	3	0	2	2	4	2	0	2	4
TOTAUX.	27	31	80	138	28	33	51	112	40	20	71	131	47	27	47	121	32	49	69	150	44	36	99	179

MOIS de SEPTEMBRE.	1831.				1832.				1833.				1834.				MOYENNE DES 10 ANNÉES.				1835. Décès en général.				1835. Décès cholériques.			
	Hommes.	Femmes.	Enfants.	TOTAUX.	Hommes.	Femmes.	Enfants.	TOTAUX.	Hommes.	Femmes.	Enfants.	TOTAUX.	Hommes.	Femmes.	Enfants.	TOTAUX.	Hommes.	Femmes.	Enfants.	TOTAUX.	Hommes.	Femmes.	Enfants.	TOTAUX.	Hommes.	Femmes.	Enfants.	TOTAUX.
1	3	2	1	6	0	3	2	5	2	1	3	6	1	0	1	2	1,0	1,0	2,1	4,1	1	2	6	9	0	0	0	0
2	6	1	5	12	1	0	1	2	2	5	2	9	2	0	1	3	1,7	1,1	1,9	4,7	6	2	3	11	2	0	0	2
3	5	1	6	12	3	0	5	8	4	3	4	11	1	1	2	4	1,8	1,0	3,8	6,6	1	1	2	4	0	0	0	0
4	3	2	2	7	1	1	1	3	3	2	1	6	2	1	2	5	1,4	1,2	2,3	4,9	3	1	0	4	0	1	0	1
5	3	4	7	14	1	1	4	6	4	2	2	8	0	0	7	7	2,3	1,0	3,4	6,7	3	1	3	7	0	1	0	1
6	5	2	4	11	1	1	6	8	10	3	8	21	0	1	4	5	2,2	1,6	4,4	8,2	2	2	3	7	0	1	0	1
7	2	4	2	8	3	0	5	8	4	3	4	11	0	0	1	1	1,7	1,7	4,2	7,8	1	1	5	7	0	0	0	0
8	4	3	4	11	0	0	3	3	3	3	3	9	1	2	1	4	2,4	1,5	2,3	6,2	0	1	2	3	0	0	0	0
9	2	3	4	9	1	0	2	3	4	5	5	14	2	3	4	9	1,1	1,7	3,0	5,8	2	2	2	6	1	2	0	3
10	1	2	1	4	0	0	2	2	3	3	1	7	1	0	2	3	0,9	1,1	2,7	4,7	1	2	2	5	1	1	0	2
11	0	0	0	0	0	1	1	2	2	3	1	6	5	0	3	8	1,6	1,4	2,4	5,4	1	1	1	3	1	1	0	2
12	1	1	3	5	3	3	2	8	2	1	5	8	0	1	4	5	1,5	1,4	2,8	5,7	2	3	1	6	0	1	0	1
13	1	2	2	5	2	1	1	4	6	1	4	11	2	1	1	4	1,9	1,3	2,2	5,4	1	1	3	5	1	0	0	1
14	3	0	1	4	1	0	3	4	2	1	6	9	1	1	2	4	1,8	1,4	3,1	6,3	4	0	2	6	0	0	0	0
15	2	2	5	9	0	0	1	1	2	3	3	8	2	0	1	3	1,1	1,0	2,3	4,4	1	3	3	7	0	1	0	1
16	3	2	4	9	1	0	1	2	2	4	3	9	3	1	2	6	1,8	1,3	1,8	4,9	1	0	5	6	0	0	0	0
17	1	3	4	8	6	0	2	8	2	1	3	6	0	3	2	5	1,5	0,9	2,1	4,5	1	0	3	4	0	0	0	0
18	0	3	1	4	0	1	1	2	2	3	4	9	1	0	3	4	1,4	1,5	2,5	5,4	0	3	3	6	0	1	0	1
19	3	3	4	10	0	0	2	2	5	1	1	7	1	1	0	2	1,6	1,2	2,0	4,8	1	1	3	5	0	0	0	0
20	3	4	3	10	2	0	3	5	0	0	3	3	0	1	2	3	1,2	0,9	2,2	4,3	0	1	1	2	0	0	0	0
21	2	0	0	2	0	1	1	2	3	2	2	7	1	1	4	6	0,7	1,0	1,5	3,2	5	1	3	9	0	0	0	0
22	1	2	2	5	2	2	4	8	0	0	2	2	2	1	2	5	0,9	1,5	2,4	4,8	2	3	2	7	0	0	0	0
23	6	0	4	10	2	2	3	7	3	2	2	7	2	0	0	2	2,2	1,0	1,8	5,0	2	0	2	4	0	0	0	0
24	0	1	1	2	1	0	3	4	2	2	1	5	2	2	2	6	0,8	1,4	1,9	4,1	0	3	5	8	0	0	0	0
25	0	2	2	4	1	2	3	6	4	2	3	9	1	4	1	6	1,1	1,8	2,2	5,1	1	0	4	5	1	0	0	1
26	4	0	1	5	1	1	5	7	2	2	1	5	2	1	1	4	1,9	0,8	2,0	4,7	5	0	6	11	0	0	0	0
27	2	0	3	5	2	3	2	7	1	0	5	6	1	1	2	4	1,3	1,2	2,1	4,6	3	1	3	7	0	0	0	0
28	2	2	1	5	0	0	2	2	3	3	1	7	1	0	1	2	1,3	0,8	1,2	3,3	1	2	2	5	0	1	0	1
29	3	3	5	11	2	0	2	4	1	0	1	2	0	1	2	3	1,8	1,1	1,8	4,7	0	0	0	0	0	0	0	0
30	2	0	2	4	3	0	2	5	3	3	1	7	2	0	1	3	1,7	0,7	1,9	4,3	2	1	2	5	0	0	0	0
TOTAUX.	73	54	84	211	40	23	75	138	86	64	85	235	39	28	61	128	45,6	36,5	72,3	154,6	53	39	82	174	7	11	0	18

TABLEAU STATISTIQUE DES DOUZE SECTIONS DE LA VILLE DE NISMES.

Numéros des sections.	Population.	LIMITES DES SECTIONS. NORD.	LEVANT.	MIDI.	COUCHANT.	SURFACE. Hect.	Ares.	Cent.	NOMBRE d'habitants par mille mètres carrés.	NOMBRE des rues de la section.	NOMBRE des rues atteintes par le choléra.	NOMBRE des maisons par section.	MOYENNE du nombre d'habitants par maison.	NOMBRE de maisons atteintes par le choléra.	Maximum des décès survenus dans la même maison.	NOMBRE absolu des décès cholériques par section.	RAPPORT par mille.	OBSERVATIONS.
8	2724	Rue Dorée, du Collége, place du Grand-Temple et des Casernes.	Partie de la rue Seguier.	La rue de l'Écluse, les boulevards de l'Esplanade.	Maison-d'Arrêt, rue Quatre-Jambes, de la Violette et de la Trésorerie.	8	22	99	34	31	8	345	11	15	5	30	11, 0	Le chiffre de la population diffère ici de celui que nous avons donné en tête de l'ouvrage; en ce que le premier représente la population légale et que le dernier donne la population réelle, sans y comprendre même la banlieue.
5	1626	La place des Casernes et route d'Uzès.	Le Cadereau.	Les chemins d'Avignon, de Beaucaire, les rues de l'Écluse, de Seguier, la place du Grand-Temple.	La place des Pères-du-Château.	17	94	50	9	12	7	171	9	13	2	17	10, 4	
10	2143	Les rues Cadereau, Chassaintes et place de la Comédie.	Les rues Maison-Carrée, de l'Étoile et St-Antoine.	Place St-Antoine, rues du Cyprès et de la Bienfesance.	Le Cadereau.	29	53	73	7	23	7	185	11	5	5	16	7, 5	
9	2807	Place de la Couronne, les rues de l'Écluse, du chemin de Beaucaire et d'Avignon.	Le Cadereau.	La rue des Champs.	Chemin de la Guinguette et de l'Esplanade.	58	49	63	4, 8	31	4	292	9	14	5	17	6, 0	
4	2483	Les Moulins à vent.	Le chemin de la Poudrière, la rue de la Biche, le Cadereau.	Le chemin d'Uzès.	Les rues Rangueil, du Rempart et de la Cruximèle.	27	29	96	9	27	8	215	11	6	4	13	5, 2	
7	1904	Rue du Bât-d'Argent.	Places du Château, du Grand-Temple et rue du Collége.	Les rues du Collége et Dorée.	Rues de l'Aspic, des Marchands, place Cathédrale, des Lombards et Prêcheurs.	6	35	95	32	16	6	240	7	5	2	8	4, 2	
12	4770	Rues de la Bienfesance, du Cyprès et place des Arènes.	Rue de la Guinguette.	Rue des Amoureux et petit chemin de St-Gilles.	Le Cadereau.	72	49	53	6, 6	31	11	376	10	14	2	18	5, 7	
1	4131	La Tour-Magne, le chemin de la Lampèze.	Les rues Lampèze, du Fort et Grand-Couvent.	Les rues de la Colonne, Corneille, Chassaintes et du Cadereau.	Le Cadereau, la route d'Alais, le chemin qui de ce point va joindre la Tour-Magne.	68	23	0	6	40	7	468	8	7	3	13	5, 1	
3	5062	La rue Boufa.	Les rues Cruximèle et des Ramparts.	Rue Bât-d'Argent.	Rues St-Charles et Puits-Couchoux.	7	46	36	72	23	5	518	9	5	6	13	2, 5	
6	5854	Le Canal de l'Agau et la rue du Mûrier-d'Espagne.	La rue des Lombards.	Rues Madelaine, Barquettes et de la Fruiterie.	Rues Maison-Carrée, de la Colonne et du Grand-Couvent.	4	88	55	146	35	5	473	12	5	2	8	1, 3	
2	5538	Le chemin de la Lampèze.	Les rues Puits-Couchoux, St-Charles et des Prêcheurs.	Rue Mûrier-d'Espagne.	Rues du Fort et de la Lampèze.	20	40	56	27	31	3	433	12	3	1	5	0, 9	
11	2490	Rues Madelaine, des Barquettes et de la Fruiterie.	Rues des Marchands et Trésorerie.	Rue de la Violette et place au nord des Arènes.	Rues St-Antoine et de l'Étoile.	4	35	86	62	19	0	226	11	0	0	0	0, 0	
	41499					325	69	72		319		3862				158		

ÉTAT *des sommes mises à la disposition de l'Administration municipale pour suffire aux mesures de salubrité exécutées, ou aux distributions de secours, faites pendant l'invasion du choléra-morbus à Nismes.*

SOMME votée par le Conseil Municipal, le 1er Août 1835 . . . . . 30,000 fr. 00 c.

à distribuer en : Allocation extraordinaire au Bureau de Bienfesance. . . . . 12,000 fr.

Allocation extraordinaire au Consistoire. 6,000

Travaux de Salubrité à ordonner par l'administration 12,000

30,000

SECOURS accordés par le Gouvernement à la Ville de Nismes . . . . 25,000 fr. 00 c.

PRODUIT de la Souscription ouverte par la délibération du Conseil Municipal du 1er août, et perçu à domicile par les douze commissaires de quartier . . . . 56,536 fr. 45 c.

TOTAL . . . . 111,536 fr. 45 c.

EMPLOI *des sommes mises à la disposition de l'administration municipale, réglé et approuvé par délibération du Conseil municipal du* **16** *novembre* **1835**,

NATURE DES SECOURS.	DISTRIBUTIONS DE SECOURS AUX PAUVRES ATTEINTS DU CHOLÉRA, FAITES PAR									MOIS D'AOUT, de SEPTEMBRE et D'OCTOBRE.	
	LES COMMISSAIRES DE QUARTIER.		LE BUREAU DE BIENFESANCE.		LE CONSISTOIRE.		MM. LES CURÉS ET PASTEURS.		MM. les Médecins.		
	Quantité.	Prix.	Quantité.	Prix.	Quantité.	Prix.	Quantité.	Prix.	Prix.	TOTAL.	
	Kil.	fr. c.	Kil.	fr. c.	Kil.	fr. c.	Kil.	fr. c.	fr. c.	fr. c.	fr. c.
PAIN.	21,140	5,813 50	6,073	2,015 »	7,800	2,145 »	»	»	»	9,973 50	
VIANDE.	»	»	1,442	1,546 35	1,350	496 10	4,565	2,293 »	»	4,335 45	
ARGENT.	»	8,199 »	»	»	»	438 95	»	»	»	8,637 95	
LINGE.	»	»	»	4,186 85	»	1,589 48	»	»	»	5,776 33	
Médicaments.	»	»	»	1,780 20	»	731 47	»	»	1,310 66	3,822 33	
Objets divers.	»	»	»	2,471 60	»	599 »	»	»	»	3,070 60	
	»	14,012 50	»	12,000 »	»	6,000 »	»	2,293 »	1,310 66	35,616 16	35,616 16

Ateliers établis pendant le choléra pour le nettoiement des rues, des aqueducs et d'un grand nombre de maisons particulières. 12,000

Dépenses extraordinaires faites par les Hospices. 3,799 »

Secours accordés à 51 familles privées de toute ressource par les effets du choléra. 3,584 84

Total des dépenses. 55,000 00

Produit de la souscription resté intact et déposé au Mont-de-Piété, avec intérêts au profit des pauvres; le capital devant être restitué aux souscripteurs le 1er novembre 1836, si, d'ici à cette époque, une nouvelle invasion de choléra-morbus n'en nécessite pas l'emploi. 56,536 45

TOTAL. 111,536 45

LE MAIRE DE NISMES A SES CONCITOYENS.

Le conseil municipal de Nismes se réunit cette semaine pour assurer et développer, s'il y a lieu, par ses votes et son intervention, l'organisation déjà établie des mesures de salubrité et des secours publics.

Les administrations de bienfesance prennent les dispositions convenables pour étendre, selon le besoin, leur charitable action.

Ces mesures sont motivées, non sur l'état actuel de la ville qui n'est point alarmant, mais sur la marche de l'épidémie qui afflige des villes voisines, et dont il est sage, dans tous les cas, de prévoir l'invasion.

Mais si l'invasion avait lieu, il ne suffirait pas peut-être que les hommes revêtus d'une mission publique se tinssent dévoués au poste que la confiance de leurs concitoyens, ou le devoir, leur aurait désigné.

Dans ce cas, il serait heureux et salutaire qu'un certain nombre de citoyens zélés voulussent concourir, par leur présence dans les bureaux de secours, au soutien et au soulagement des classes malheureuses.

Quant aux personnes auxquelles leur âge ou leur position interdirait ce dévoûment honorable, la voie des charités leur est ouverte.

C'est surtout dans des circonstances pareilles, que les secours des familles aisées doivent aller au devant des besoins du pauvre.

Le maire de Nismes recevra, dès aujourd'hui, l'offre de tous les citoyens dévoués qui voudront partager la tâche commune, par leur présence ou par leurs dons.

L'appel fait par le maire à ses concitoyens n'est point un signal de danger, mais une mesure de prévoyance; cet appel ne doit pas exciter le découragement mais le zèle; il n'est pas fait pour propager les sentiments de crainte, mais pour réveiller ceux qui ne doivent jamais faillir dans les temps de crise : ceux de force, ceux de charité et de confiance, ceux d'une fraternité vive parmi les différentes classes d'une même communauté.

Nismes, le 28 juillet 1835.

Le Maire de la ville de Nismes,

F. Girard.

PREMIÈRE COMMISSION MUNICIPALE DE SALUBRITÉ PUBLIQUE.

Du 1er au 15 Août.

CONCITOYENS,

Le conseil municipal s'est réuni ; il a pourvu, par d'abondantes allocations, aux besoins qui peuvent naître des circonstances présentes.

Mais, comme il ne suffit pas de voter des fonds, si l'emploi n'en est pas dirigé de la manière la plus avantageuse, et que les magistrats à qui est confié le soin de l'administration, ne peuvent, vu leur petit nombre, ni tout voir, ni tout faire par eux-mêmes, le conseil a jugé utile qu'une commission, prise dans son sein et dont tout ses membres feraient successivement partie, fût instituée auprès de l'autorité municipale, pour la seconder dans son action, et aviser aux mesures à prendre, tant pour prévenir l'épidémie, que pour y porter remède, partout où elle viendrait à se déclarer au milieu de nous.

Cette commission municipale, qui sera formée jusqu'au 15 août, de la première série du conseil municipal, s'est immédiatement installée à l'Hôtel-de-Ville. Elle vient à son tour faire un appel au zèle, à l'esprit de charité, au dévoûment de tous les bons citoyens.

Que tous ceux à qui leur âge et leur position permettent d'offrir un concours actif, se joignent à elle ; il n'en est aucun dont la bonne volonté ne puisse être utilement employée.

Déjà plusieurs ont donné l'exemple. M. le maire et chacun des membres de la commission municipale prendront les noms des personnes qui se présenteront encore.

La voie des souscriptions est ouverte à tous, et plus particulièrement à ceux qui ne pourraient concourir par leur présence au soulagement des malheureux. Les souscriptions seront reçues à la mairie et chez MM. les notaires de la ville.

Concitoyens, le danger est commun ; nous devons y parer ensemble.

L'abondance des secours et la bonne direction à leur donner peuvent arrêter le fléau à sa naissance. Mais, dût-il se développer, elles tendront à en diminuer l'intensité, et, avec l'aide de Dieu elles y parviendront.

Il faut aussi compter pour quelque chose la satisfaction que procure l'accomplissement d'un devoir, et c'est surtout en présence des éventualités qui nous pressent, qu'une pareille considération mérite d'être pesée.

Nismes, le 3 août 1835.

Les Membres de la Commission municipale de salubrité,

MM. F. GIRARD, *maire*; MONTAGNON, *adjoint;* TUR, *adjoint*; BOISSIER, *adjoint;* DE SEYNES, CLERGET, MONNIER-DES-TAILLADES, CAZEING, GIGNAN, Louis BARON, DELACORBIÈRE, MARTIN AÎNÉ, REMACLE, MATHIEU.

DEUXIÈME COMMISSION MUNICIPALE DE SALUBRITÉ PUBLIQUE.

Du 15 Août au 1er septembre.

CONCITOYENS,

La 2me série du Conseil municipal, chargée de former, jusqu'au 30 août, la Commission permanente de Salubrité publique, s'empresse, en entrant en fonctions, de vous rendre compte de l'état sanitaire de la Ville, et de vous informer, tant du résultat des soins qui lui ont été donnés jusqu'à ce jour, que de la direction de ceux qu'il réclame encore.

Les malheurs causés par l'épidémie, quelque déplorables qu'ils soient, n'ont pas été, à beaucoup près, aussi graves que dans plusieurs autres localités. Non-seulement la maladie n'a pas fait des progrès rapides, mais l'état sanitaire de la Ville tend à s'améliorer sensiblement depuis quelque jours.

L'activité des soins de l'Administration et des Établissements de Bienfesance, le zèle éclairé et infatigable des Commissaires de Sections, le dévoûment des Hommes de l'art, des Ministres de la Religion, de quelques Officiers de notre brave Garnison, l'empressement de la population à se conformer, autant que possible, aux prescriptions hygiéniques et aux ordres de l'autorité, tout a concouru à rendre les secours aussi efficaces qu'ils ont été prompts et abondants.

La persévérance dans les mesures adoptées jusqu'à ce jour est, aux yeux de la Commission Municipale, le moyen le plus sûr de hâter les progrès du bien. Elle se réunit tous les jours à l'Hôtel-de-Ville; elle y entend les rapports des Commissaires de qartier, statue sur les demandes de secours et autres qui lui sont adressées, et seconde, autant que possible, l'Administration locale dans toutes les mesures d'hygiène, de salubrité et de bienfesance que les circonstances commandent.

La Commission Municipale continue à réclamer l'utile coopération de ces hommes dévoués qui se sont interposés avec tant d'empressement entre elle et la population, pour signaler les besoins, recevoir les souscriptions et transmettre les secours. Elle exhorte les bons Citoyens à s'unir aux Commissions déjà formées, afin d'alléger la charge honorable qu'elles se sont imposées.

Les Listes de souscription sont toujours ouvertes à la Mairie et chez MM. les Commissaires de Sections. La première de ces listes a été livrée à l'impression et à la publicité. Ceux dont les noms n'y figurent pas, ou qui, par la connaissance qu'ils acquerront de la base proportionnelle généralement adoptée, croiront être restés au-dessous de ce qu'il leur serait possible d'offrir, sont invités à faire connaître ou à compléter leurs souscriptions.

CONCITOYENS ! L'état stationnaire, rétrograde même de la maladie, doit calmer les craintes exagérées, mais n'exclut pas les précautions. Plus nous avons lieu d'espérer que la salubrité de notre climat triomphera, Dieu aidant, de la malignité du fléau, plus nous devons redoubler d'efforts pour seconder l'action de la nature, et pour arrêter le mal à sa naissance. La plupart des cas de choléra qui ont éclaté jusqu'à ce jour sont attribués à de graves imprudences. Veillez à la propreté des habitations et des rues; abstenez-vous d'aliments indigestes, de fruits qui n'aient pas atteint leur maturité; vivez avec tempérance et sobriété; conservez la sécurité et le calme; aidez-vous les uns les autres avec zèle et dévoûment. Les mesures les plus efficaces contre le fléau résident dans l'accomplissement de vos devoirs envers vous-mêmes et envers vos concitoyens.

Nismes, le 16 août 1835.

Les Membres de la Commission Municipale de Salubrité,

MM. F. GIRARD, *maire*; MONTAGNON, *adjoint*; BOISSIER, *adjoint*; FERD. BÉCHARD, C. MICHEL, ALMIR CAVALIER, BENOIT AÎNÉ, ALPH. BOYER, *marquis* DE CABRIÈRES, BERGERON.

TROISIÈME COMMISSION MUNICIPALE DE SALUBRITÉ PUBLIQUE.

Du 1er au 15 Septembre.

CONCITOYENS,

La troisième série du conseil municipal, qui s'est formée hier en commission permanente de salubrité publique, éprouve à son tour le désir de se mettre en rapport avec vous, et de confirmer, par un témoignage officiel, les consolants détails que vous avez déjà recueillis sur l'état sanitaire de la ville. Elle ne veut pas, d'ailleurs, se priver de la satisfaction de rendre un éclatant hommage à l'attitude calme et résignée de la population, au zèle éclairé de tous les administrateurs, au charitable dévoûment des établissements de bienfesance, des ministres de la religion, et des hommes de l'art, et surtout à l'infatigable activité de ces commissaires de sections, qui ont rempli avec tant de persévérance et de succès, la noble et difficile tâche de consoler et secourir les malheureuses familles que leurs soins assidus n'ont pu préserver des atteintes de la maladie.

On ne saurait trop le répéter : c'est à l'observation rigoureuse des mesures de précaution et d'hygiène qui vous ont été recommandées, et auxquelles vous avez su vous conformer, c'est à la tranquillité d'esprit et de cœur avec laquelle chacun a cherché à accomplir ses devoirs envers lui-même et envers ses compatriotes, qu'il faut attribuer la faiblesse du fléau dans notre localité, et nous pouvons par là remercier doublement la Providence.

Continuez à suivre les mêmes prescriptions; persévérez dans la prudente et sage régularité de vos habitudes; ne vous lassez pas de surveiller la propreté de vos maisons et de vos rues; usez avec modération des fruits que la saison vous offre; choisissez-les dans un état de maturité parfaite; n'oubliez pas enfin, que la tempérance est, dans les circonstances actuelles, une nécessité impérieuse. Bientôt la bonté de notre climat, secondée par ces précautions, aura triomphé des derniers efforts de l'épidémie, et notre industrie souffrante, alimentée de nouveau par les commandes extérieures, reprendra son ancienne activité.

Quant à nous, tant que nos craintes ne seront pas complétement dissipées, nous continuerons aux malheureux indigents les secours que réclame leur situation, bien convaincus que la judicieuse distribution qui en a été faite a eu sa grande part d'influence dans les résultats dont nous nous félicitons.

Nismes, le 2 septembre 1835.

Les membres de la Commission municipale de salubrité,

MM. F. Girard, *maire*; Montagnon, *adjoint*; Tur fils, *adjoint*; Boissier, *adjoint*; J.-F. Nourry, Th. de Perrin, D. Carcassonne, E. Abric, Blanchard, Monnier-des-Tailllades, C. Michel. C. Jalaguier.

FIN.

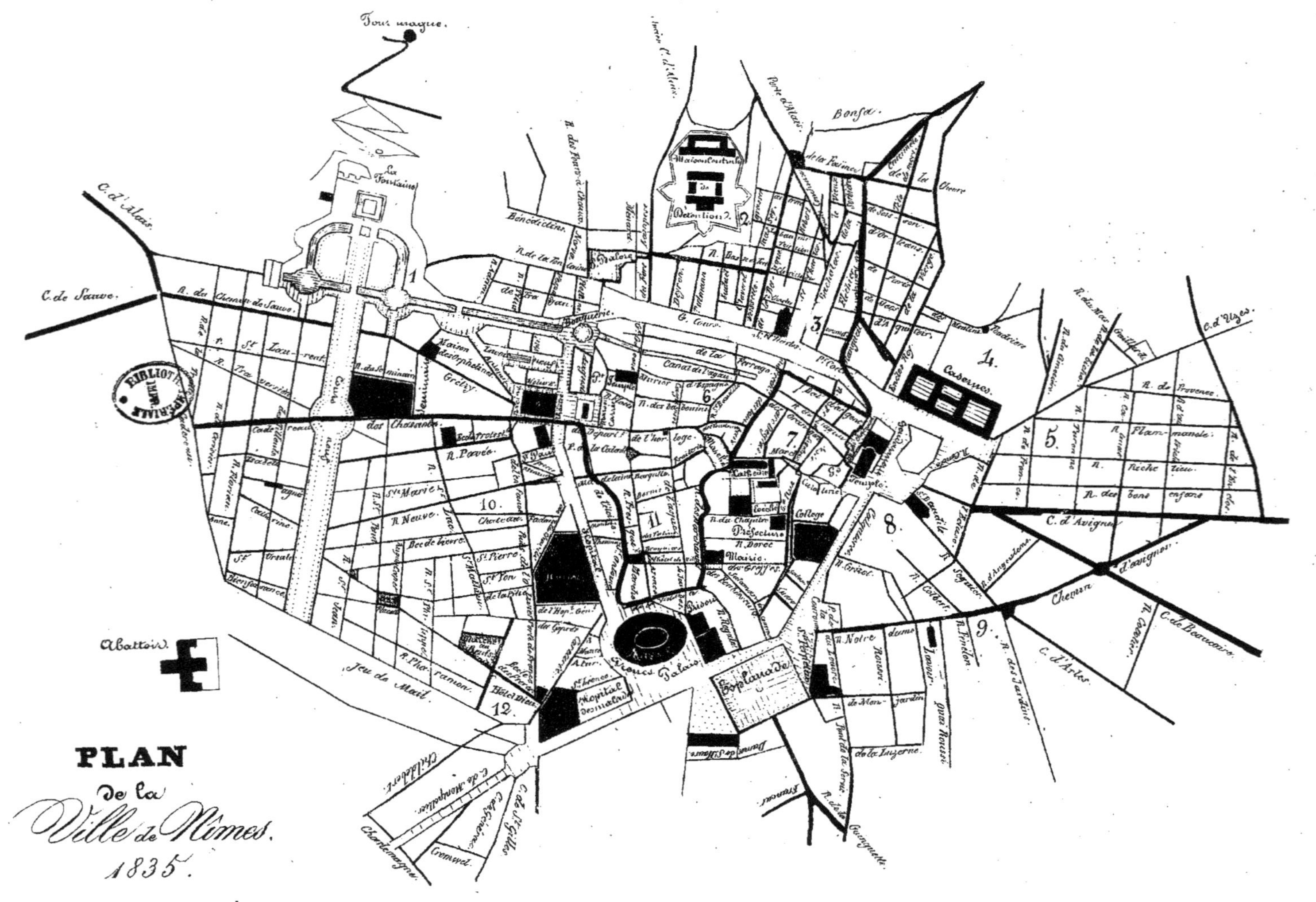
PLAN
de la
Ville de Nîmes.
1835.
Tour magne.
La Fontaine
C. d'Alais
C. de Sauve
Bibliot. Impériale
Abattoir
Jeu de Mail
Hôtel Dieu
Hôpital des malades
Esplanade
Porte d'Alais
Bonsa
Maison Centrale de Détention
Casernes
C. d'Uzes
C. d'Avignon
Chemin d'Avignon
C. de Beaucaire
C. d'Arles
R. Colbert
R. Grétry
R. Pavée
R. Neuve
Canal de l'Agau
Collège
Préfecture
Mairie
Séminaire
Grand Cours
Petit Cours
Bouquerie
C. de Montpellier
C. de St Gilles
1.
2.
3.
4.
5.
6.
7.
8.
9.
10.
11.
12.

www.ingramcontent.com/pod-product-compliance
Ingram Content Group UK Ltd.
Pitfield, Milton Keynes, MK11 3LW, UK
UKHW012049240726
13965UKWH00003B/1149

9 782013 342612